ESCRIBIR CONTRA LA FUERZA

SIMONE WEIL

ESCRIBIR CONTRA LA FUERZA

Textos seleccionados

Prólogo de Juan Evaristo Valls Boix

Traducción de Alicia Martorell

PAIDÓS Inmortales

Título original: *Escribir contra la fuerza*, de Simone Weil.
Esta edición comprende las obras *Réflexions sur les causes de la liberté et de l'oppression sociale y L'iliade ou le poème de la force* de Simone Weil.

1.ª edición, enero de 2026

Paidós es un sello editorial de Editorial Planeta, S. A.
Avda. Diagonal, 662-664
08034 Barcelona, España
www.paidos.com
www.planetadelibros.com

ISBN: 978-84-493-4472-5
Composición: Realización Planeta
Depósito legal: B. 22.535-2025
Impresión y encuadernación en Huertas Industrias Gráficas, S. A.

Impreso en España – *Printed in Spain*

SUMARIO

NOTA A LA EDICIÓN

Simone Weil fue una pensadora singular. Su filosofía, de una sensibilidad extraordinaria, y su profundo análisis del mundo y de la condición humana siguen interpelando con fuerza al mundo contemporáneo. Weil no escribió para consolar ni para embellecer la realidad, y tampoco se conformó con entender el mundo: quiso transformarse para estar a la altura. Pensar a fondo, actuar en coherencia y no mirar hacia otro lado ante el sufrimiento ajeno: eso fue lo que se exigió a sí misma, sin concesiones.

Nacida en 1909 en el seno de una familia judía agnóstica y burguesa de París, destacó desde muy joven por una inteligencia brillante y un carácter incorruptible. Estudió Filosofía en la École Normale Supérieure, donde fue una de las mejores estudiantes de su generación, aunque pronto se implicó de lleno en las luchas sociales. Para ella, la teoría no tenía valor alguno si no pasaba la prueba de la experiencia. Por eso abandonó la enseñanza para trabajar como obrera en fábricas, militó en sindicatos e incluso se unió como voluntaria al frente anarquista durante la Guerra Civil española.

Su pensamiento, profundamente original, parte de una crítica feroz a todas las formas de poder: el capitalismo, el fascismo y también el comunismo soviético. En *Reflexiones sobre las causas de la libertad y de la opresión social*, escrito con apenas veinticinco años, plantea una teoría madura sobre las estructuras de dominación y la alienación del individuo. En ella analiza los mecanismos económicos, políticos y culturales que perpetúan la opresión en las sociedades modernas; denuncia la fe ciega en el progreso y propone una transformación del trabajo, de la cultura y de su organización. Pensar no era para ella un privilegio académico, sino un ejercicio de verdad que implicaba el cuerpo, el trabajo, el sacrificio y la compasión.

Hacia finales de la década de 1930, vivió una transformación espiritual silenciosa pero decisiva. Fascinada por la música sacra, los textos místicos y la literatura griega, fue descubriendo una forma de fe sin iglesia, de compasión sin dogma. En la *Ilíada o el poema de la fuerza*, escrito en plena ocupación nazi, se puede apreciar ya esa mirada que combina la lucidez moral con una ternura desarmante hacia los débiles. Weil muestra hasta qué punto la fuerza actúa como un principio deshumanizador universal que convierte a las personas en cosas. A través de la poesía, la filosofía y la experiencia, nos conduce hacia una ética de la atención: mirar de verdad al otro, especialmente al que sufre, sin querer dominarlo, sin convertirlo en símbolo, sin apropiarse de su dolor.

Weil murió en 1943, a los treinta y cuatro años, debilitada por una tuberculosis y por su negativa a alimentarse más de lo que sus compatriotas podrían permitirse en la Francia ocupada. Hasta el final, vivió según su exigencia: no ser cómplice de la injusticia, ni siquiera de forma pasiva. No buscó fundar una escuela ni un sistema filosófico. Lo que legó fue algo más raro y valioso: el testimonio de una vida pensada hasta el extremo, una brújula ética, una escritura que sigue sacudiendo por su autenticidad.

Tras su muerte, su figura creció en silencio gracias al esfuerzo de amigos como Albert Camus, quien reconoció en ella «el único gran espíritu de nuestro tiempo». Su influencia alcanza hoy a pensadores, escritores, activistas y artistas que buscan, como ella, un pensamiento inseparable de la vida. En tiempos marcados por la polarización, su rechazo de los fanatismos resulta especialmente iluminador. Weil nos recuerda que ninguna causa justifica el desprecio por el ser humano, y que toda transformación verdadera comienza por uno mismo.

Esta edición recupera algunos de sus textos más emblemáticos —*Reflexiones sobre las causas de la libertad y de la opresión social* e *Ilíada o el poema de la fuerza*— para dar acceso a una voz que, ochenta años después, sigue siendo urgente. Estas obras leídas en conjunto ofrecen una visión coherente y complementaria del pensamiento de Weil. Un primer contacto breve pero intenso a una de las pensadoras más radicales del siglo XX.

PRÓLOGO
LA HOLGURA DE LOS DÍAS

INVITACIÓN A LA LECTURA DE SIMONE WEIL

Por Juan Evaristo Valls Boix

¿Quién tiene hoy, quién encuentra hoy, holgura en sus días? ¿Quién sabe cuidar en ellos el vacío, el campo libre, el hueco anodino y misterioso del que brotan la escucha y las palabras? No hay ser más desgraciado que el que ha sido privado de juego y holgura. En tiempos de guerra, esos seres son los vencidos y los suplicantes, como enseña la *Ilíada*. En tiempos de paz, si alguna vez los hubo, son los trabajadores.

Simone Weil siempre se mantuvo apegada al trabajo. Dejó escrito que pocas cosas le parecían más hermosas que un obrero cualificado, que pocas cosas eran más bellas que un grupo de obreros de la construcción enfrentando la dificultad. El trabajo ocupa el centro de su pensamiento político, porque es por el trabajo verdadero que seremos libres. Simone Weil conocía bien la filosofía de Marx y, a pesar de sus profundas discrepancias, creía, como él, que el trabajo es el modo en que el ser humano se relaciona con el mundo, habita en él, lo transforma: así también encuentra su lugar. Y, sin embargo, pocas veces disfrutó Simone Weil de las cosas bellas en los años en que, tras interrumpir sus labores como profesora, se desempeñó en algunas fábricas del París de la década de 1930 y sus periferias. Antes bien, convivió con hombres y mujeres reducidos a tristes apéndices de las máquinas, sumidos en la prisión etérea del protocolo repetitivo de sus movimientos, incapaces de pensar. A ellos y sus historias les dedicaría muchas entradas de su *Diario de fábrica*, como también sus *Reflexiones sobre las causas de la libertad y la opresión social*. Aquello no era trabajo verdadero, sino opresión disfrazada de trabajo.

Simone Weil se acercó también a la guerra, al íntimo y peligroso corazón de la guerra. Sin recibir arma por voluntad propia, se incorporó en 1936 a la Columna Durruti, en el frente de Aragón, durante el golpe militar contra la Segunda República de España. Años después escribió, leyendo a Homero, que la más bella amistad tenía lugar entre compañeros de combate, y que el triunfo más puro del amor era la amistad que rebosaba en el corazón de los enemigos mortales, allí donde abandonan sus diferencias y se reconocen en su miseria humana, en su único futuro cierto, que es la muerte. Sin embargo, pocas veces apreciaría en la trinchera los destellos bellísimos de la amistad. Simone Weil escribe con amargura sobre la guerra porque en la contienda encuentra solo el señorío de la fuerza.

La fuerza es lo que cosifica a cualquiera que esté sometido a ella, y empuja los cuerpos hasta su límite para reducirlos a cadáveres. Sin poseerla nadie, todos se la disputan; queriendo ejercerla todos, esta siempre retorna: su rigor es kármico o geométrico, la fuerza que das es la que recibirás. Tanto a vencedores como a vencidos los corrompe, porque los va privando de espíritu, de atención y ternura. La fuerza asfixia la holgura o el vacío de nuestros días, ese espacio singularísimo para amar y pensar, y sin él acabamos dando con la muerte. Así ocurre en la guerra. Pero la fuerza también se cierne sobre nosotros sin darnos muerte, allí donde aprieta y oprime hasta que solo somos poco más que un objeto animado, un cuerpo sujeto a las inercias de un programa abstracto. Así ocurre en el trabajo especializado de la fábrica.

Por ello, aunque la poseáis o la temáis, aunque la ansiéis o la odiéis, aunque la necesitéis o la rehuyáis, no admiréis jamás la fuerza, no os enamoréis del poder, así en el trabajo como en la guerra. No aspiréis a convertiros en vencedor, no aspiréis a ser jefe de nadie: se trata de salir de la rueda violenta, no de contribuir a su giro. Una potencia incógnita y bellísima es la que celebramos cuando rechazamos el sometimiento y decimos no a la fuerza. Creo que Simone Weil nos enseña estas cosas. Abrazad la holgura, el campo libre, celebrad las gracias del vacío y explorad los enigmas del hombre común, con quien nos hermana la flaqueza, la miseria última ante los designios imperturbables del azar. Siempre, ante todo, amad sin abrazar la fuerza, afirmad la vida a pesar de la fuerza, escribid contra la fuerza.

Simone Weil escribió y abrazó durante su corta vida este convencimiento, sin importar el hambre, la fatiga o el peligro. Su forma de entender la justicia, la amistad o el amor, que siempre elogió con los epítetos de la belleza, consistía en no confundir nunca el ímpetu del poder o las armas de la violencia con los cuerpos en que se encarnan, que guardan siempre una condición vulnerable, sin ser dueños de sus vidas y a merced de las inclemencias del mundo. No poseer la fuerza es lo que nos hace amables, renunciar a ella es lo que nos vuelve honrados. Esa resistencia poderosa a las trampas de la violencia, ese No tan cierto y riguroso ante la fuerza, es el gesto con el que preferimos la vida en su radical indeterminación, en su dependencia de otros cuerpos, en su esencial vacío, un vacío más lleno que todos los llenos. La holgura de los días que la fuerza nos arrebata, sea bajo la forma definitiva de la guerra, sea bajo la dura y lenta opresión del trabajo moderno, es la oportunidad para el deseo y la ternura. Allí donde el yo se deshace, en ese hueco pequeño y oscuro, podemos prestar atención a los demás, darnos a fondo perdido.

¿Por qué Weil se mantuvo tan apegada al trabajo si conoció sus miserias y no encontró en él sino uno de los rostros de la violencia y la asfixia de la holgura? En el trabajo, Weil reconocía tanto la mayor muestra de libertad y gracia entre los hombres como uno de sus peores yugos. El régimen contemporáneo del trabajo, tanto el de su tiempo como el del nuestro, se caracteriza por lo que Simone Weil denomina en estos textos «especialización». Lejos de ser un modo óptimo de organizar la división del trabajo, la especialización es una operación de carácter político que divide a las personas entre quienes ejecutan y quienes coordinan, y así extirpa el pensamiento de la acción. De este modo reduce el trabajo a una serie de protocolos aburridos, redundantes e incomprensibles: los trabajadores viven sin saber lo que hacen ni por qué, siguen ciegamente órdenes y obedecen sin rechistar. Así, son privados de la dignidad del pensamiento, la única facultad que el ser humano tiene esencialmente individual y absolutamente propia. Pero quienes mandan y coordinan desde sus despachos se deshumanizan también, aunque de otro modo: puesto que no tocan el mundo, puesto que no se mezclan con su materia ni lo trabajan, tampoco lo conocerán nunca.

La especialización del trabajo moderno separa a los seres humanos de su potencia para pensar, y con ello los acaba aislando del mundo y los priva de la dignidad que confiere el pensamiento. Los obreros pierden su condición individual y su agencia plena cuando se insertan en la cadena de montaje para obedecer. Esa es la desgracia del trabajo especializado, que impide pensar. Los seres humanos nunca han sido más incapaces de pensar que en nuestro tiempo; es en la era de la información y el capitalismo cognitivo cuando más disociados estamos de nuestra capacidad de inventar, jugar e interrogar los sentidos del mundo. La disponibilidad total que se nos exige en el siglo XXI, la obsesión neoliberal por convertir nuestra pasión en trabajo y hacer del entorno laboral el espacio en que explorar nuestra libertad personal no hacen sino agudizar los diagnósticos de la filósofa. Abrazamos la opresión con una sonrisa. En el siglo XXI, como en la década de 1930, sentimos que nuestra época está privada de futuro. Concebimos con angustia y sin esperanza un porvenir sin alternativas ni resistencia contra el señorío de la fuerza.

Quizá el problema radique en que, desde la tradición marxista, siempre que pensamos en la revolución, la concebimos como una liberación de las fuerzas productivas, como un aumento de su poder. Pero esta liberación no resuelve el problema de la opresión; es una confusión de los medios con los fines. Si los propósitos de todos nuestros ingenios consisten en aumentar el rendimiento, la sofisticación de las tecnologías y las buenísimas intenciones que alientan el cambio social dejarán intacta la cosificación generalizada que el trabajo y la guerra imponen al ser humano. Así, la lucha por el poder suplanta los placeres de pensar en el bienestar. Cualquier cambio social habría de aspirar a la emancipación de los seres humanos, a contestar la dominación contemporánea, y no a exacerbar la fuerza. Y emancipar a los seres humanos consiste en devolverles su agencia plena, allí donde acción y pensamiento, ejecución y coordinación, son indisociables: esa es la utopía del trabajo cualificado que imagina Weil.

No se trata de crecer, ni de acumular, no se trata de amasar más potencia, no se trata de ponérselo más fácil al imperio de la fuerza. Se trata de que el régimen del trabajo tenga por centro el bienestar de la gente y no la concentración de capital, de que el trabajo no sea un medio para afianzar el dominio del planeta y el gobierno de los hombres, sino el modo de habitar, celebrar y conocer el mundo. Porque conocer el mundo no es adueñarse de él, no es convertirlo en un repertorio de recursos a disposición, no es saturarlo con nuestra presencia. Conocer el mundo consiste en celebrar su misterio, en dejarle respirar, en darle holgura y campo libre: en trabajarlo, pero ser también trabajado por él. Esa reconciliación de la ejecución y el pensamiento, que llena de misterio divino y de vida todos nuestros actos, habría de restituir el pacto original del espíritu con el universo que Weil imagina al final de su reflexión sobre la *Ilíada*.

Weil sostenía que el trabajo verdadero, considerado

como un valor humano, es la única conquista espiritual del ser humano desde Grecia, por eso habla de los obreros siempre con una ternura y un cariño profundos. Esa ternura se torna en amargura cuando en las fábricas, como en el campo de batalla, la autora solo encuentra relaciones de fuerzas, la violencia bajo todas sus formas. La amargura nace de la subordinación del alma humana a la fuerza, confesaba. El sabor amargo de la escritura se desprende de la desesperanza de no encontrar gracia y justicia allí donde debería estar: que nuestras relaciones sean la oportunidad para la guerra, y no para la amistad, que el trabajo sea oportunidad para la opresión y no para la atención.

La singularidad de la *Ilíada* quizá consista en esto: aunque el verdadero héroe y el tema central del poema sea la fuerza, todavía hay en quien cuenta las historias y contempla los sucesos un deseo de otro modo de ser que no es el de la fuerza, de otra relación que no es la de la violencia. Y también la bellísima prosa de Weil guarda esta resistencia: su escritura se enfrenta a la fuerza implacable porque desea otra cosa, porque ama lo que, en nosotros, hay de menos fuerte y poderoso. El deseo de ternura que se alza contra la violencia imprime a la escritura sobre la fuerza ese contraste que la filósofa reconoce como el sabor de la amargura. Mientras el poderío de la violencia, aunque seamos vencedores o empresarios, deje en nosotros un gusto amargo, hay una oportunidad para el cambio: preferimos la ternura, preferimos la vida, preferimos la holgura.

¿Quién tiene hoy, quién encuentra hoy, holgura en sus días? ¿Quién sabe cuidar en ellos el vacío, el campo libre, el hueco anodino y misterioso del que brotan la escucha y las palabras? Muy pocos, ya casi ninguno. Pero si el trabajo es un valor humano, si hay belleza y hermosura en el esfuerzo, es tan solo cuando no aspira al dominio, sino al campo libre y al vacío. Sin la holgura de los días, el trabajo no es nada, o es demasiado: la fuerza por otros medios. Por ello, con ternura o gusto amargo, preferimos la gracia, deseamos contra la fuerza.

REFLEXIONES SOBRE LAS CAUSAS DE LA LIBERTAD Y DE LA OPRESIÓN SOCIAL
(1934)

En lo que se refiere a las cosas humanas, no reír, no llorar, no indignarse, solo comprender.

Spinoza

El ser dotado de razón puede convertir cualquier obstáculo en material para su trabajo y sacar partido de él.

Marco Aurelio

INTRODUCCIÓN

El periodo presente es uno de esos en los que todo lo que suele dar sentido a la vida desaparece, en los que debemos, so pena de hundirnos en la desolación o la inconsciencia, cuestionarlo todo. Que el triunfo de los movimientos autoritarios y nacionalistas esté arrasando todas las esperanzas que la gente de bien había depositado en la democracia y el pacifismo solo es una parte del mal que padecemos, que es mucho más profundo y está mucho más extendido. ¿Existe algún ámbito de la vida pública o privada en el que las fuentes mismas de la actividad y de la esperanza no se hayan visto envenenadas por las condiciones en las que vivimos? Ya no trabajamos con la conciencia orgullosa de ser útiles, sino con el sentimiento humillante y agónico de disfrutar de un privilegio concedido por un regalo pasajero del destino del que muchos seres están excluidos por el mero hecho de que lo disfrutemos nosotros, es decir, el privilegio de un puesto de trabajo. Los mismos empresarios han perdido esa fe ingenua en un progreso económico ilimitado que les hacía imaginar que tenían una misión. El progreso técnico parece haber colapsado, ya que en lugar de bienestar solo ha traído a las masas la miseria física y moral en la que las vemos debatirse; además, las innovaciones técnicas ya no se aceptan en ningún lugar, salvo quizá en las industrias bélicas. En cuanto al progreso científico, es difícil ver para qué podría ser útil seguir amontonando conocimientos sobre un fárrago que ya es demasiado grande para que lo pueda abarcar el pensamiento mismo de los especialistas. La experiencia demuestra que nuestros antepasados se equivocaron al creer que la ilustración se extendería, ya que lo que se puede divulgar entre las masas es una miserable caricatura de la cultura científica moderna, caricatura que, en lugar de dar forma a su juicio, las acostumbra a la credulidad. El arte mismo sufre los efectos de la desolación general, que le priva en parte de su público, minando así su inspiración. Por último, la vida familiar no es más que angustia desde que la sociedad está cerrada para los jóvenes: esa generación, en la que la febril anticipación del futuro ocupa toda su existencia, vegeta en el mundo entero con la conciencia de que no tiene ningún futuro, de que en nuestro universo no hay lugar para ella. Y, aunque este mal es más agudo entre los jóvenes, es común para toda la humanidad de nuestros días. Vivimos una época privada de futuro. La espera de lo que vendrá ya no es esperanza, sino angustia.

No obstante, desde 1789 hay una palabra mágica que contiene todos los futuros imaginables y nunca ha sido tan rica en esperanza como en las situaciones desesperadas, y es la palabra *revolución*. Desde hace algún tiempo la venimos pronunciando. Al parecer, deberíamos encontrarnos en pleno periodo revolucionario, pero en realidad es como si el movimiento revolucionario cayera en decadencia junto con el propio régimen que aspira a destruir. Desde hace más de un siglo, cada generación de revolucionarios ha esperado, una y otra vez, una revolución próxima; hoy en día, esta esperanza ha perdido todo lo que le podría servir de sustento. Ni en el régimen nacido de la revolución de Octubre, ni en las dos Internacionales, ni en los partidos socialistas o comunistas independientes, ni en los sindicatos, ni en las organizaciones anarquistas, ni en los pequeños grupos de jóvenes que están surgiendo en tan gran número desde hace un tiempo es posible encontrar atisbos de vigor, de salud o de pureza; hace tiempo que la clase obrera no ha dado signo alguno de esta espontaneidad con la que contaba Rosa Luxemburg y que nunca se ha podido manifestar sin quedar inmediatamente bañada en sangre; las clases medias solo se dejan seducir por la revolución cuando la evocan, con fines demagógicos, los aprendices de dictadores. Solemos repetirnos que la situación es objetivamente revolucionaria, que solo le falta el «factor subjetivo»; como si la carencia total de la fuerza misma, la única que podría transformar el régimen, no fuera un carácter objetivo de la situación actual, cuyas raíces debemos buscar en la estructura de nuestra sociedad. Por esta razón, el primer deber que nos impone el periodo presente es tener el suficiente coraje intelectual como para preguntarnos si el término *revolución* es algo más que una palabra, si tiene un contenido preciso, si no es simplemente una de las numerosas mentiras que ha suscitado el régimen capitalista en su ímpetu y que la crisis actual nos ayuda a disipar.

Esta pregunta parece impía, a causa de todos los seres nobles y puros que sacrificaron todo, incluida su vida, a esta palabra, pero solo los sacerdotes se atreven a medir el valor de una idea por la cantidad de sangre que ha vertido. ¿Quién sabe si los revolucionarios no dieron su sangre tan en vano como los griegos y troyanos del poeta que, engañados por falsas apariencias, lucharon durante diez años en torno a la sombra de Helena?

I
CRÍTICA DEL MARXISMO

Hasta hace poco, todos los que sintieron la necesidad de reforzar sus sentimientos revolucionarios con planteamientos teóricos precisos encontraron, o creyeron encontrar, estos planteamientos en Marx. Parece definitivamente probado que Marx, gracias a su teoría general de la historia y a su análisis de la sociedad burguesa, ha demostrado la inevitable necesidad de un próximo cambio en el que se abolirá la opresión que nos impone el régimen capitalista. Tan convencidos estamos, que quedamos dispensados de examinar la demostración más de cerca. El «socialismo científico se ha convertido en dogma, exactamente igual que todos los resultados obtenidos por la ciencia moderna, resultados en los que cada cual se cree en la obligación de creer, sin pensar jamás en informarse sobre el método. En lo que se refiere a Marx, si intentamos asimilar realmente su demostración, rápidamente nos damos cuenta de que entraña muchas más dificultades de las que nos quieren hacer creer los propagandistas del «socialismo científico».

A decir verdad, Marx explica admirablemente el mecanismo de la opresión capitalista; pero lo hace tan bien que nos cuesta imaginar la forma en que este mecanismo podría dejar de funcionar. Normalmente, solo tenemos en cuenta el aspecto económico de esta opresión, es decir, la exacción de la plusvalía y, si nos atenemos a este punto de vista, es ciertamente fácil explicar a las masas que esta exacción depende de la competencia, que a su vez depende de la propiedad privada, y que el día en que la propiedad sea colectiva todo irá bien. No obstante, incluso dentro de los límites de este razonamiento sencillo en apariencia, aparecen mil dificultades a nada que el examen sea minucioso. Marx demostró claramente que la auténtica razón de la explotación de los trabajadores no es el deseo de gozar y consumir de los capitalistas, sino la necesidad de expandir la empresa lo más rápidamente posible, con el fin de que sea más poderosa que la competencia. No solo la empresa necesita limitar al máximo el consumo de sus miembros, para consagrar todo el tiempo posible a forjar armas contra las comunidades rivales, también lo necesita todo tipo de comunidad obrera, de modo que mientras tenga lugar en la superficie del globo una lucha por la potencia, mientras el factor decisivo de la victoria sea la producción industrial, se explotará a los obreros. A decir verdad, Marx suponía precisamente, aunque no lo demostró, que todo tipo de lucha por la potencia desaparecerá el día mismo en que se implante el socialismo en todos los países industriales; el problema es que, como reconoció el propio Marx, la revolución no puede llegar en todos los países al mismo tiempo y, cuando se hace en un país, no suprime para este país, sino que acentúa, la necesidad de explotar y de oprimir a las masas trabajadoras, por miedo a mostrar mayor debilidad que las otras naciones. La historia de la revolución rusa lo ilustra de forma dolorosa.

Si consideramos otros aspectos de la opresión capitalista, aparecen otras dificultades, todavía más temibles o, para expresarlo mejor, aparece la misma dificultad, pero mostrada bajo una luz más cruda. La fuerza que tiene la burguesía para explotar y oprimir a los obreros reside en los fundamentos mismos de nuestra vida social y no puede ser aniquilada por una transformación política y jurídica. Básicamente, esta fuerza es, ante todo, el régimen mismo de la producción moderna, a saber, la gran industria. A este respecto, en Marx abundan fórmulas contundentes sobre el sometimiento del trabajo vivo al trabajo muerto, «la inversión de la relación entre el objeto y el sujeto»; «la subordinación del trabajador a las condiciones materiales del trabajo». «En la fábrica —escribe en *El capital*— existe un mecanismo independiente de los trabajadores que los absorbe como si fueran engranajes vivos. [...] La separación entre las fuerzas espirituales implicadas en la producción y el trabajo manual, junto con la transformación de las primeras en potencia del capital sobre el trabajo, culminan en la industria a gran escala [...] basada en el maquinismo. Los detalles del destino individual del obrero industrial desaparecen en la nada frente a la ciencia, las formidables fuerzas naturales y el trabajo colectivo que se incorporan a las máquinas en su conjunto y constituyen todos ellos la potencia del patrón». De esta forma, la completa subordinación del obrero a la empresa y a los que la dirigen descansa en la estructura de la fábrica y no en el régimen de la propiedad. De la misma forma, «la separación entre las fuerzas espirituales que intervienen en la producción y en el trabajo manual» o, dicho de otra forma, «la degradante división del trabajo en trabajo manual y trabajo intelectual» es la base misma de nuestra cultura, que es una cultura de especialistas. La ciencia es un monopolio, no a causa de la mala organización de la instrucción pública, sino por su naturaleza misma; los profanos solo tienen acceso a los resultados, no a los métodos, es decir, solo pueden creer y no asimilar. El propio «socialismo científico» sigue siendo monopolio de unos pocos y los «intelectuales» tienen desgraciadamente los mismos privilegios en el movimiento obrero que en la sociedad burguesa. Y lo mismo ocurre en el plano político. Marx había visto claramente que la opresión del Estado descansa en la existencia de aparatos de gobierno permanentes y diferenciados de la población, a saber, los aparatos burocrático, militar y policial, pero estos aparatos permanentes son el efecto inevitable de la distinción radical que de hecho existe entre las funciones de dirección y las funciones de ejecución. Sobre este mismo punto, el movimiento obrero reproduce íntegramente los vicios de la sociedad burguesa. En todos los planos tropezamos con el mismo obstáculo. Toda nuestra civilización se basa en la especialización, que implica el sometimiento de los que ejecutan a los que coordinan y, sobre este tipo de base, solo es posible perfeccionar la opresión, pero no aliviarla. La sociedad capitalista no ha desarrollado en su seno las condiciones materiales de un régimen de libertad y de igualdad; la instauración de un régimen de este tipo supone una transformación previa de la producción y de la cultura.

Que Marx y sus discípulos pudieran creer en la posibilidad de una democracia efectiva sobre las bases de la civilización actual solo puede entenderse si tenemos en cuenta su teoría del desarrollo de las fuerzas productivas. Sabemos que para Marx este desarrollo es, en última instancia, el auténtico motor de la historia y que es prácticamente ilimitado. Cada régimen social, cada clase dominante tiene la «tarea», la «misión histórica», de llevar a las fuerzas productivas a un nivel cada vez más alto, hasta el día en que todo progreso ulterior se vea bloqueado por los marcos sociales. En ese momento, las fuerzas productivas se rebelan, rompen esos marcos y una clase nueva toma el poder. Tomar nota de que el régimen capitalista aplasta a millones de hombres solo permite condenarlo moralmente; esta condena histórica del régimen se centra en que, tras haber hecho posible el progreso de la producción, ahora lo obstaculiza. La tarea de las revoluciones consiste básicamente en la emancipación, no de los hombres, sino de las fuerzas productivas. A decir verdad, está claro que, en cuanto se alcanza un nivel de desarrollo suficiente para que la producción se realice con poco esfuerzo, ambas tareas coinciden, y Marx suponía que era el caso en nuestra época. Esta suposición permitió contemporizar entre sus aspiraciones idealistas y su concepción materialista de la historia, esencial para su tranquilidad moral. Para él, la tecnología actual, una vez liberada de las formas capitalistas de la economía, puede dar a los hombres tiempo de ocio suficiente para un desarrollo armonioso de sus facultades y, por consiguiente, suprimir en cierta medida la especialización degradante que exige el capitalismo. Y, sobre todo, el desarrollo ulterior de la técnica debe ir aligerando progresivamente el peso de la necesidad material y, como consecuencia inmediata de ello, el de los condicionamientos sociales, hasta que la humanidad alcance por fin un estado propiamente paradisíaco, en el que la producción más abundante costaría unos esfuerzos insignificantes, en el que desaparecería la antigua maldición del trabajo, es decir, en el que recuperaríamos la felicidad de Adán y Eva antes de la caída. A partir de esta perspectiva, es fácil comprender la posición de los bolcheviques y por qué todos ellos, incluido Trotski, tratan las ideas democráticas con soberano desprecio. Se han visto impotentes para hacer realidad la democracia obrera predicha por Marx, pero no se preocupan por tan poca cosa, porque están convencidos de que toda tentativa de acción social que no consista en desarrollar las fuerzas productivas está condenada al fracaso y porque creen que cualquier progreso de las fuerzas productivas hará avanzar a la humanidad por el camino de la liberación, aunque sea a cambio de una opresión temporal. Con semejante seguridad moral, no es sorprendente que hayan deslumbrado al mundo con su fuerza.

No obstante, las creencias reconfortantes no suelen ser razonables. Incluso antes de examinar la teoría marxista de las fuerzas productivas, llama la atención su carácter mitológico en toda la literatura socialista, en la que se considera un postulado. Marx nunca explica por qué las fuerzas productivas tienden a crecer, admitiendo sin pruebas esta tendencia misteriosa que, a pesar de lo que le gustaba creer, le asimila menos a Darwin que a Lamarck, que basaba todo su sistema biológico en una inexplicable tendencia de los seres vivos a la adaptación. De la misma forma, ¿por qué cuando las instituciones sociales se oponen al desarrollo de las fuerzas productivas la victoria va a quedar del lado de las segundas y no de las primeras? Marx no supone que los hombres transformen conscientemente su estado social para mejorar su situación económica; es plenamente consciente de que, hasta nuestros días, las transformaciones sociales nunca han ido acompañadas de una conciencia clara de su alcance real. Por lo tanto, admite implícitamente que las fuerzas productivas tienen una virtud secreta que les permite superar los obstáculos. Finalmente, ¿por qué afirma sin demostrarlo, como si fuera una verdad patente, que las fuerzas productivas son capaces de un desarrollo ilimitado? Toda esta doctrina, sobre la que descansa enteramente la concepción marxista de la revolución, está totalmente desprovista de cualquier tipo de carácter científico. Para comprenderla, debemos remontarnos a los orígenes hegelianos del pensamiento marxista. Hegel creía en un espíritu oculto que actúa en el universo y que la historia del mundo es simplemente la historia de este espíritu del mundo que, como todo lo que es espiritual, tiende indefinidamente a la perfección. Marx pretendió reconstruir la dialéctica hegeliana, a la que acusaba de carecer de sentido, y sustituyó el espíritu por la materia como motor de la historia. Sin embargo, a través de una extraordinaria paradoja, concibió la historia a partir de esta rectificación, como si atribuyera a la materia lo que es la esencia misma del espíritu, una aspiración perpetua al progreso. Y así se alineaba con la corriente general del pensamiento capitalista; trasladar el principio del progreso desde el espíritu hasta las cosas es dar una expresión filosófica a esta «inversión de la relación entre el sujeto y el objeto» en la que Marx veía la esencia misma del capitalismo. El auge de la gran industria ha convertido a las fuerzas productivas en la deidad de una suerte de religión cuya influencia ha sufrido Marx a su pesar al elaborar su concepción de la historia. El término de *religión* puede sorprender cuando se trata de Marx, pero pensar que nuestra voluntad converge con una voluntad misteriosa que actúa en el mundo y que nos puede ayudar a vencerlo es un pensamiento religioso: es creer en la Providencia. Por otra parte, lo vemos en el propio vocabulario de Marx, pues contiene expresiones casi místicas, como «la misión histórica del proletariado». Esta religión de las fuerzas productivas, en cuyo nombre generaciones de empresarios han aplastado a las masas trabajadoras sin el menor remordimiento, es también un factor de opresión en el seno del movimiento socialista; todas las religiones convierten al hombre en mero instrumento de la Providencia y el socialismo también lo hace al poner a los hombres al servicio del progreso histórico, es decir, del progreso de la producción. Por esta razón, sea cual fuere el ultraje infligido a la memoria de Marx por el culto que le consagran los opresores de la Rusia moderna, no deja de ser un ultraje merecido. Es cierto que Marx nunca tuvo más fundamento que una generosa aspiración a la libertad y a la igualdad, pero esta aspiración, separada de la religión materialista con la que se confundía en su mente, ya solo pertenece a lo que Marx llamaba despectivamente el socialismo utópico. Si la obra de Marx no contuviera nada más valioso, podríamos olvidarla sin problemas, con excepción de sus análisis económicos.

No es el caso, encontramos en Marx una concepción distinta de este hegelianismo al revés, a saber, un materialismo que no tiene nada de religioso y que no es una doctrina, sino un método de conocimiento y de acción. No es infrecuente ver cómo en grandes pensadores dos concepciones diferentes y casi incompatibles se confunden por la inevitable imprecisión del lenguaje; absortos en la elaboración de nuevas ideas, les falta tiempo para un examen crítico de lo que han encontrado. La gran idea de Marx es que nada ocurre en la sociedad ni en la naturaleza si no es a través de transformaciones materiales. «Los hombres construyen su propia historia, pero en unas condiciones determinadas». Desear no es nada, hay que conocer las condiciones materiales que determinan nuestras posibilidades de acción y, en el ámbito social, estas condiciones se definen por la forma en que el hombre obedece a las necesidades materiales atendiendo a sus propias necesidades, es decir, a través de las formas de producción. Una mejora metódica de la organización social supone un estudio previo detallado de la forma de producción, para intentar saber lo que se puede esperar de ella en un futuro próximo y lejano, desde el punto de vista del rendimiento, y también qué forma de organización social y cultural es compatible con esa forma de producción. Y, finalmente, cómo es posible transformarla. Solo unos seres irresponsables pueden descuidar este tipo de análisis y pretender al mismo tiempo gobernar la sociedad; y por desgracia así ocurre en todas partes, tanto entre los revolucionarios como entre los gobernantes. El método materialista, este instrumento que nos legó Marx, es un instrumento virgen, ningún marxista lo ha utilizado realmente, empezando por el propio Marx. La única idea realmente valiosa que encontramos en la obra de Marx es también la única que se ha descuidado por completo. No es de extrañar que los movimientos sociales nacidos de Marx hayan fracasado.

La primera pregunta que hay que hacerse es la del rendimiento del trabajo. ¿Tenemos razones para pensar que la tecnología moderna, en su nivel actual, es capaz, en caso de un reparto equitativo, de garantizar bienestar y ocio suficientes para todos, de modo que el desarrollo del individuo deje de verse obstaculizado por las condiciones modernas del trabajo? Se diría que a este respecto se crean muchas ilusiones, hábilmente alimentadas por la demagogia. Lo que hay que calcular no son los beneficios, porque los beneficios que realmente se reinvierten en la producción se hurtan en su conjunto a los trabajadores bajo cualquier régimen. Deberíamos sumar todos los trabajos de los que podríamos liberarnos a cambio de una transformación del régimen de la propiedad. Y esto tampoco resolvería el problema, debemos tener en cuenta el esfuerzo que supondría la reorganización completa del aparato productivo, reorganización necesaria para que la producción se adapte a su nueva finalidad, a saber, el bienestar de las masas. No debemos olvidar que la fabricación de armamento no se abandonaría hasta que el régimen capitalista se hubiera destruido en todas partes. Y, sobre todo, debemos tener en cuenta que la destrucción de los beneficios individuales, aunque haría desaparecer algunas formas de despilfarro, suscitaría necesariamente otras. Es imposible calcularlo de forma precisa, pero no es indispensable hacerlo para ver que la abolición de la propiedad privada estaría lejos de ser suficiente para impedir que el trabajo de las minas y de las fábricas siguiera pesando como una esclavitud sobre los que están sometidos a él.

Y, si el estado actual de la técnica no es suficiente para liberar a los trabajadores, ¿podremos al menos esperar razonablemente un desarrollo ilimitado, que implicaría un aumento ilimitado del rendimiento del trabajo? Todo el mundo, capitalistas y socialistas, lo acepta sin el menor estudio previo de la cuestión; basta con que haya aumentado el rendimiento del esfuerzo humano de forma inaudita en los últimos tres siglos para esperar que este aumento prosiga al mismo ritmo de cara al futuro. Nuestra cultura supuestamente científica nos ha dado el hábito funesto de generalizar, de extrapolar arbitrariamente, en lugar de estudiar las condiciones y los límites de un fenómeno; Marx, a quien el método dialéctico hubiera debido preservar de un error de este tipo, ha caído en él como otros tantos.

El problema es fundamental y determinará todas nuestras perspectivas, por lo que conviene formularlo con total precisión. A este respecto, es importante saber en qué consiste el progreso técnico, qué factores inciden en él y examinar por separado cada uno de estos factores, pues damos el nombre de progreso técnico a procedimientos muy diferentes que ofrecen posibilidades de desarrollo diferentes. La primera forma que encuentra el hombre de producir más con menos esfuerzo es utilizar las fuentes naturales de energía. Es así en el sentido de que no podemos poner un límite preciso a las ventajas de este procedimiento, porque ignoramos qué nuevas energías podremos utilizar en el futuro, pero esto no quiere decir que pueda haber perspectivas de progreso indefinido por este camino, ni que el progreso esté garantizado en general. La naturaleza no nos da esta energía, sea cual sea su forma (fuerza animal, hulla o petróleo), se la debemos arrancar y transformarla mediante nuestro trabajo para adaptarla a nuestros fines. Ahora bien, este trabajo no se reduce necesariamente con el paso del tiempo, de hecho, actualmente ocurre incluso lo contrario, ya que la extracción de la hulla y del petróleo se va convirtiendo automáticamente, a medida que pasa el tiempo, en menos fructífera y más costosa. Además, los yacimientos conocidos actualmente están destinados a agotarse en un plazo relativamente corto. Podemos encontrar nuevos yacimientos, pero esta búsqueda, y la instalación de nuevas explotaciones, algunas de las cuales no darán fruto, será costosa. En realidad, ni siquiera sabemos cuántos yacimientos desconocidos existen y, en cualquier caso, no serán ilimitados. También podremos (y deberemos) encontrar nuevas fuentes de energía, pero nada garantiza que su uso exija menos trabajo que la hulla o los combustibles pesados; también es posible lo contrario. Puede ocurrir incluso que el uso de una nueva fuente de energía natural cueste un esfuerzo superior a los esfuerzos humanos que intentamos sustituir. En este aspecto, lo que decide es el azar, porque el descubrimiento de una fuente de energía nueva y de fácil acceso o de un proceso de transformación para una fuente de energía conocida no es algo que tengamos garantizado a cambio de dedicarle tiempo y una reflexión metódica. Nos hacemos ilusiones porque estamos acostumbrados a considerar el desarrollo de la ciencia desde el exterior y en bloque, y no nos damos cuenta de que, mientras algunos resultados científicos dependen únicamente de que el científico haga buen uso de su razón, otros dependen del azar. Es lo que ocurre cuando se trata de utilizar las fuerzas de la naturaleza. Toda fuente de energía puede transformarse, pero el científico no puede tener la seguridad de que sea un proceso económicamente ventajoso, como el explorador tampoco tiene garantizado llegar a un territorio fértil. Un ejemplo instructivo de ello son los famosos experimentos sobre la energía térmica de los mares, de la que tanto se ha hablado con tan poco provecho. Una vez que entra en juego el azar, ya no es posible aplicar la noción de progreso continuo. Esperar que el desarrollo de la ciencia conduzca un día de forma automática al descubrimiento de una fuente de energía que se pueda utilizar de forma casi inmediata para todas las necesidades es pura fantasía. No podemos demostrar que sea imposible; de hecho, también es posible que un buen día alguna súbita transformación del orden astronómico conceda a vastas extensiones del globo terrestre el clima encantador que permite, según se dice, a algunos pueblos primitivos vivir sin trabajar; pero no podemos contar con esta posibilidad. En definitiva, no sería razonable intentar determinar ahora mismo lo que el futuro reserva al género humano en este terreno.

Solo podemos contar con un recurso para reducir la cantidad de esfuerzo humano y es lo que podríamos llamar, utilizando una expresión moderna, la racionalización del trabajo. Podemos verlo en dos aspectos: uno que se refiere a la relación entre esfuerzos simultáneos, otro a la relación entre esfuerzos sucesivos, y en ambos casos el progreso consiste en aumentar la eficacia de los esfuerzos por la forma en que se combinan. Está claro que en este campo podemos dejar de lado el azar, pues la noción de progreso tiene un sentido. La cosa es saber si este progreso es ilimitado y, en caso contrario, si nos falta mucho para alcanzar el límite. En cuanto a lo que podemos llamar racionalización del trabajo en el espacio, los factores de ahorro son la concentración, la división y la coordinación del trabajo. La concentración del trabajo implica una reducción de todos los gastos que podríamos incluir en la partida de gastos generales, es decir, los gastos en instalaciones, transporte y, a veces, maquinaria. En cuanto a la división del trabajo, tiene efectos mucho más sorprendentes. A veces permite alcanzar una velocidad considerable en la ejecución de trabajos que trabajadores aislados podrían llevar a cabo igual de bien, pero mucho más lentamente, dado que cada hombre tendría que realizar un esfuerzo de coordinación, mientras que la organización del trabajo permite que un solo hombre lo asuma por cuenta de muchos más. Lo podemos ver en el famoso ejemplo de Adam Smith sobre la fabricación de alfileres. A veces, y esto es lo más importante, la división y coordinación de esfuerzos hace posibles obras colosales que van mucho más allá de las posibilidades de un solo hombre. También hay que tener en cuenta el ahorro que puede suponer la especialización por regiones en lo que se refiere al transporte de energía y de materias primas y, sin duda, muchos otros ahorros que sería prolijo identificar. En cualquier caso, si observamos el régimen actual de producción parece bastante claro no solo que estos factores de ahorro tienen un límite más allá del cual se convierten en factores de gasto, sino que además este límite ya ha sido alcanzado y superado. Desde hace algunos años, la expansión de las empresas no va acompañada de una reducción, sino de un aumento de los gastos generales. El funcionamiento de una empresa es demasiado complejo como para permitir un control eficaz, deja un margen cada vez más grande al despilfarro y da lugar a una expansión acelerada y, sin duda, en cierta medida parasitaria del personal afectado a la coordinación entre las distintas partes de la empresa. La extensión del comercio, que desempeñó un papel formidable como factor de progreso económico, también empieza a suponer más gasto del que evita, porque las mercancías están mucho tiempo sin producir y porque el personal asignado al comercio también crece a un ritmo acelerado, y también porque los transportes consumen cada vez más energía a causa de las innovaciones destinadas a aumentar su velocidad, innovaciones que necesariamente cada vez son más costosas y menos eficaces a medida que se van sucediendo. A todos los efectos, el progreso se está transformando, desde un punto de vista estrictamente matemático, en regresión.

Los avances debidos a la coordinación de esfuerzos a lo largo del tiempo son, sin duda, el factor más importante del progreso técnico, y también el más difícil de analizar. Desde Marx, nos hemos acostumbrado a hablar de la sustitución del trabajo muerto por el trabajo vivo, fórmula tremendamente imprecisa, en el sentido de que evoca la imagen de una evolución constante hacia una etapa de la técnica en la que, si podemos decirlo así, todo el trabajo que hay que hacer ya está hecho. Esta imagen es tan quimérica como la de una fuente natural de energía tan inmediatamente accesible para el hombre como su propia fuerza vital. La sustitución en cuestión no hace más que reemplazar los movimientos que permitirían obtener directamente algunos resultados por otros movimientos que producen ese mismo resultado indirectamente gracias a la disposición asignada a cosas inertes; sigue siendo una forma de confiar a la materia lo que debería nacer del esfuerzo humano pero, en lugar de utilizar la energía proporcionada por ciertos fenómenos naturales, utilizamos la resistencia, la solidez y la dureza que poseen ciertos materiales. En ambos casos, las propiedades de la materia ciega e indiferente solo se pueden adaptar a los fines humanos mediante el trabajo humano y, también en ambos casos, la razón no nos permite admitir de antemano que este trabajo de adaptación deba ser necesariamente menor que el esfuerzo que los hombres tendrían que hacer para alcanzar directamente el fin que se proponen. Ahora bien, mientras que la utilización de fuentes naturales de energía depende en gran medida de hechos imprevisibles, la utilización de materiales inertes y resistentes ha seguido en conjunto una progresión constante que podemos abarcar y ampliar con el pensamiento, una vez que hemos comprendido su principio. La primera etapa, tan antigua como la humanidad misma, consiste en confiar a objetos colocados en los lugares adecuados todos los esfuerzos de resistencia destinados a impedir determinados movimientos por parte de determinadas cosas. La segunda etapa define el maquinismo propiamente dicho. El maquinismo se hizo posible el día en que nos dimos cuenta de que no solo podíamos utilizar la materia inerte para obtener la inmovilidad allá donde fuera necesario, sino también confiarle la tarea de preservar las relaciones permanentes de los movimientos entre ellos, relaciones que hasta ese momento debían establecerse mediante el pensamiento. Para ello, es necesario y suficiente inscribir estas relaciones, transponiéndolas, en las formas que imprimimos a la materia sólida. Así es como uno de los primeros avances que abrieron camino al maquinismo consistió en dispensar al tejedor del trabajo de adaptar la elección de los hilos del telar al dibujo de la tela, gracias a unas cartulinas perforadas que se correspondían con el diseño. Si solo hemos podido obtener este tipo de transposiciones en los diferentes tipos de trabajo muy poco a poco y gracias a inventos debidos a la inspiración o al azar es porque el trabajo manual combina los elementos permanentes que contiene para ocultarlos, casi siempre bajo una apariencia de variedad. Por esta razón el trabajo parcelario de las manufacturas fue anterior a la gran industria. Finalmente, la tercera y última etapa corresponde a la técnica automática, que apenas está empezando a aparecer. Su principio reside en la posibilidad de dejar en manos de la máquina no solo una operación siempre idéntica a ella misma, sino un conjunto de operaciones variadas. Este conjunto puede ser tan amplio o complejo como deseemos, simplemente debe tratarse de una variedad definida y limitada de antemano. La técnica automática, que todavía se encuentra en un estadio algo primitivo, puede desarrollarse indefinidamente, al menos en teoría, y la utilización de estas técnicas para satisfacer las necesidades humanas no tiene más límite que el que impone el componente imprevisible en las condiciones de la existencia humana. Si pudiéramos concebir unas condiciones de vida que no supusieran imprevisto alguno, el mito estadounidense del robot tendría algún sentido y sería posible la supresión completa del trabajo humano mediante un rediseño sistemático del mundo. En realidad, solo son ficciones, pero sería útil elaborarlas, a modo de límite ideal, si los hombres tuvieran al menos el poder de disminuir progresivamente mediante un método cualquiera esta parte de imprevisión en su vida. Tampoco se da el caso: ninguna técnica dispensará a los hombres de la necesidad de renovar y adaptar continuamente, con el sudor de su frente, las herramientas que utilizan.

En estas condiciones es fácil concebir que un cierto grado de automatización pueda ser más costoso en esfuerzo humano que un grado menos elevado. Al menos, es fácil concebirlo de forma abstracta, aunque es casi imposible llegar a una valoración concreta, a causa del enorme número de factores que habría que considerar. La extracción de los metales con los que se fabrican las máquinas solo es posible mediante el trabajo humano. Como se trata de minas, el trabajo es más penoso a medida que avanza, sin contar con que los yacimientos conocidos se podrían agotar con relativa rapidez. Los hombres se pueden reproducir, pero el hierro, no. Tampoco hay que olvidar que, aunque los balances financieros, las estadísticas y las obras de los economistas omiten señalarlo, el trabajo de las minas es más doloroso, más agotador y más peligroso que la mayor parte de los trabajos; el hierro, el carbón, la potasa, todos ellos son productos manchados de sangre. Además, las máquinas automáticas solo son ventajosas en la medida en que nos pueden permitir producir en serie cantidades masivas, por lo que su funcionamiento está ligado al desorden y despilfarro que resultan de una centralización económica exagerada. Por otra parte, crean la tentación de producir mucho más de lo necesario para satisfacer las necesidades reales, lo que lleva a desperdiciar sin beneficio real tesoros de fuerza de trabajo y de materias primas. Tampoco hay que pasar por alto los costes que conlleva todo progreso técnico, debido a la investigación previa necesaria, la necesidad de adaptar otras ramas de la producción a estos progresos y el abandono de equipos antiguos que a menudo se desechan, aunque habrían podido servir durante mucho tiempo más. Ninguno de estos factores se puede medir, ni siquiera de forma aproximada. Lo único que está claro es que, cuanto mayor es el nivel tecnológico, más disminuyen las ventajas que podrían aportar progresos nuevos comparadas con sus inconvenientes. Por otra parte, no tenemos forma de saber si estamos cerca o lejos del límite a partir del cual el progreso técnico se empieza a convertir en factor de regresión económica. Solo podemos intentar adivinarlo empíricamente a partir de la forma en que evoluciona la economía actual.

Y lo que vemos en los últimos años es que, en casi todos los sectores, las empresas se niegan de forma sistemática a adoptar innovaciones técnicas. La prensa socialista y comunista hace elocuentes proclamas contra el capitalismo basadas en esta circunstancia, pero no explica por qué milagro unas innovaciones que actualmente son dispendiosas pueden llegar a ser económicamente ventajosas en un régimen socialista o que dice serlo. Es más razonable suponer que en este campo no estamos lejos del límite del progreso útil y, dado que la complejidad de las relaciones económicas actuales y el formidable desarrollo del crédito no permiten a los empresarios ser rápidamente conscientes de que un factor que fue ventajoso ha dejado de serlo, podemos concluir por ello, con todas las reservas propias de un problema tan confuso, que ese límite ya ha sido superado.

Un estudio serio de la cuestión debería tener en cuenta muchos otros factores. Los diversos factores que contribuyen a aumentar el rendimiento del trabajo no se desarrollan de forma aislada, aunque debamos separarlos para su análisis: se combinan y estas combinaciones producen efectos difíciles de prever. Además, el progreso técnico no solo permite obtener a bajo coste lo que antes obteníamos con mucho esfuerzo: también hace posibles obras que, sin ese progreso, habrían sido casi inimaginables. Cabe examinar el valor de estas nuevas posibilidades, teniendo en cuenta que no solo son posibilidades de construcción, sino también de destrucción, pero un análisis de este tipo debería tener en cuenta las relaciones económicas y sociales que lleva necesariamente aparejadas una determinada forma de tecnología. De momento, basta con comprender que la posibilidad de nuevos progresos en el rendimiento del trabajo no está fuera de sospecha; que, según todas las apariencias, en la actualidad hay tantas razones para esperar que disminuya como para que aumente. Y, lo que es más importante, un aumento continuo e ilimitado de este rendimiento del trabajo es estrictamente inconcebible. Solo la embriaguez producida por la velocidad del progreso ha dado lugar a esta loca idea de que el trabajo podría llegar a ser superfluo algún día. En el plano de la ciencia pura, esta idea ha llevado a la búsqueda de la «máquina del movimiento perpetuo», es decir, una máquina que produce trabajo de forma indefinida pero nunca lo consume. A partir de ahí, los científicos se apresuraron a poner las cosas en su sitio, apelando a las leyes de la conservación de la energía. En el campo social es más fácil irse por las ramas. «La etapa superior del comunismo», considerada por Marx como el término final de la evolución social, es, en suma, una utopía muy similar en todo a la del movimiento perpetuo. Los revolucionarios han derramado su sangre en nombre de esta utopía. Es decir, para ser más exactos, han derramado su sangre en nombre de esta utopía o de la creencia, igualmente utópica, de que el sistema de producción podría ponerse por decreto al servicio de una sociedad de hombres libres e iguales. ¿Nos extrañará que toda esa sangre se derramara en vano? La historia del movimiento obrero se ilumina así bajo una luz cruel, pero muy intensa. Podemos resumirla señalando que la clase obrera solo ha mostrado fuerza en la medida en que ha servido a algo diferente de la revolución obrera. El movimiento obrero pudo dar la ilusión de potencia mientras se trataba de contribuir a liquidar los vestigios del feudalismo, de controlar el dominio del capitalismo ya sea privado o estatal, como fue el caso en Rusia. Ahora que su cometido ha terminado en este terreno y que la crisis le pone delante el problema de la toma efectiva del poder por parte de las masas trabajadoras, se desmorona y se disuelve con una rapidez que quiebra el valor de los que habían puesto su fe en él. Sobre sus ruinas se desarrollan interminables controversias que solo pueden apaciguarse con las fórmulas más ambiguas. Pues, entre todos los hombres que se obstinan en seguir hablando de revolución, no hay dos que le den a este término el mismo contenido. No es de extrañar. La palabra *revolución* es una palabra por la que se mata, por la que se muere, por la que se envía a la muerte a las masas populares, pero que en sí no tiene ningún contenido.

Quizá sea posible darle un sentido al ideal revolucionario, no tanto como perspectiva posible, pero sí al menos como límite teórico de las transformaciones sociales posibles. Lo que pediríamos a la revolución es la abolición de la opresión social, pero, para que esta noción tenga alguna posibilidad de significado, debemos tener cuidado de diferenciar la opresión y la subordinación de los caprichos individuales a un orden social. Mientras exista una sociedad, encerrará la vida de los individuos dentro de límites estrechos y les impondrá sus reglas, pero esta coacción inevitable solo merece el nombre de opresión cuando provoca una separación entre quienes la ejercen y quienes la sufren, cuando somete los segundos a los primeros, llevando la presión de los que mandan sobre los que ejecutan al límite del aplastamiento físico y moral. Incluso con esta distinción, no hay ninguna razón a primera vista para suponer que sea posible, o siquiera concebible, acabar con la opresión a modo de límite. Marx mostró enérgicamente, en un análisis de cuyo alcance ni siquiera él mismo era consciente, que el régimen actual de producción, a saber, la gran industria, reduce al obrero a la condición de engranaje de la fábrica, de mero instrumento en las manos de los que la dirigen. Es vano esperar que el progreso técnico pueda, mediante una disminución progresiva y continuada del esfuerzo de producción, aligerar hasta hacer que desaparezca el doble peso sobre el hombre de la naturaleza y de la sociedad. El problema está bastante claro: se trata de saber si podemos concebir una organización de la producción que, aunque no sea capaz de eliminar las necesidades naturales y la coacción social que se deriva de ellas, al menos permita que funcionen sin aplastar bajo su opresión las mentes y los cuerpos. En una época como la nuestra, tener claro este problema es quizá un requisito previo para vivir en paz con nosotros mismos. Si llegamos a concebir de forma concreta las condiciones de esta organización liberadora, solo nos queda utilizar toda la potencia de acción, pequeña o grande, que tengamos para avanzar hacia ella. Y, si comprendemos claramente que la posibilidad de tal modo de producción no es ni siquiera concebible, al menos ganaremos la posibilidad de resignarnos legítimamente a la opresión y dejaremos de creernos cómplices de ella porque no hacemos nada eficaz para impedirla.

II
ANÁLISIS DE LA OPRESIÓN

Se trata, en suma, de saber qué vincula la opresión en general, y cada forma de opresión en particular, al régimen de producción; en otras palabras, de captar el mecanismo de la opresión, de comprender cómo surge, subsiste y se transforma, en virtud de qué hechos podría tal vez desaparecer teóricamente. Se trata de un planteamiento bastante nuevo. Durante siglos, almas generosas han considerado la potencia de los opresores como una usurpación pura y simple, a la que había que oponerse, bien mediante la simple expresión de una desaprobación radical, bien por la fuerza de las armas al servicio de la justicia. El fracaso ha sido siempre completo por una u otra vía, y nunca ha sido tan significativo como cuando adquiere momentáneamente la apariencia de victoria, que es lo que pasó con la Revolución francesa, cuando, tras haber logrado efectivamente acabar con cierta forma de opresión, asistimos impotentes a la aparición inmediata de una nueva opresión.

La reflexión sobre este estrepitoso fracaso, que corona todos los demás, llevó finalmente a Marx a comprender que la opresión no se puede suprimir mientras subsistan las causas que la hacen inevitable y que estas causas residen en las condiciones objetivas, es decir, materiales, de la organización social. Desarrolló así un concepto de opresión totalmente nuevo, no como usurpación de un privilegio, sino como órgano de una función social. Esta función es la misma que consiste en desarrollar las fuerzas productivas, en la medida en que este desarrollo exige un duro esfuerzo y grandes privaciones; Marx y Engels vieron una relación recíproca entre este desarrollo y la opresión social. En primer lugar, para ellos, la opresión solo aparece cuando los progresos aplicados a la producción han suscitado una división del trabajo lo bastante avanzada como para que el comercio, el mando militar y el Gobierno sean funciones diferenciadas. Por otra parte, la opresión, una vez que se ha asentado, provoca el desarrollo posterior de las fuerzas productivas y cambia de forma a medida que lo exige este mismo desarrollo, hasta el día en que deja de ser una ayuda para convertirse en una traba y desaparece pura y simplemente. Por muy brillantes que sean los análisis concretos mediante los cuales los marxistas han ilustrado este esquema, y aunque sea un avance respecto a la ingenua indignación a la que sustituye, no se puede decir que ponga de manifiesto el mecanismo de la opresión. Solo describe parcialmente su nacimiento, pues ¿por qué se va a convertir necesariamente la división del trabajo en opresión? No nos permite esperar razonablemente el fin pues, si Marx creía mostrar cómo el régimen capitalista acaba entorpeciendo la producción, ni siquiera intentó demostrar que, en nuestros días, cualquier otro régimen de opresión sería un obstáculo similar y además ignoramos por qué la opresión no podría mantenerse, incluso una vez convertida en un factor de regresión económica. Sobre todo, Marx no explica por qué la opresión es invencible mientras tenga utilidad, por qué los oprimidos que se rebelan nunca han conseguido fundar una sociedad que no sea opresiva, bien sobre la base de las fuerzas productivas de su época, bien a cambio de una regresión económica que difícilmente podría aumentar su miseria. Además, deja en la sombra los principios generales del mecanismo mediante el cual una forma determinada de opresión es sustituida por otra.

Es más, no solo los marxistas no resolvieron ninguno de estos problemas, sino que ni siquiera consideraron oportuno formularlos. Les pareció que habían explicado suficientemente la opresión social, planteando que corresponde a una función en la lucha contra la naturaleza. En cualquier caso, solo han ilustrado esta correspondencia para el régimen capitalista, pero, de todas formas, suponer que esta correspondencia constituye una explicación del fenómeno viene a ser aplicar inconscientemente a los organismos sociales el famoso principio de Lamarck, tan ininteligible como conveniente: «la función crea el órgano». La biología solo empezó a ser una ciencia el día en que Darwin sustituyó este principio por la noción de condiciones de existencia. El progreso consiste en que la función ya no se considera una causa, sino el efecto de un órgano, que es el único orden inteligible; el papel de causa se atribuye exclusivamente a un mecanismo ciego, el de la herencia combinada con las variaciones accidentales. Este mecanismo ciego, por sí solo, puede producir cualquier cosa al azar; la adaptación del órgano a su función interviene aquí para limitar el azar, eliminando las estructuras inviables, no como tendencia misteriosa, sino como condición de la existencia. Y esta condición se define por la relación del organismo en cuestión con su entorno, en parte inerte y en parte vivo, y muy especialmente con los organismos similares que compiten con él. La adaptación se entiende así en relación con los seres vivos como una necesidad exterior y no interior. Está claro que este método luminoso no solo vale para la biología, sino que se puede aplicar allá donde existan estructuras organizadas que no han sido organizadas por nadie. Para que las ciencias sociales se puedan reivindicar como ciencia, el marxismo hubiera debido llevar a cabo un progreso similar al de Darwin con respecto a Lamarck. Las causas de la evolución social ya solo se deben buscar en los esfuerzos cotidianos de los hombres considerados como individuos. Estos esfuerzos no se dirigen a cualquier sitio, sino que dependen, para cada individuo, del temperamento, la educación, las rutinas, las costumbres, los prejuicios, las necesidades naturales o adquiridas, el entorno y, sobre todo, la naturaleza humana en general, un término que puede ser complicado de definir, por lo que probablemente no está desprovisto de sentido. Dada la diversidad casi indefinida de los individuos, dado, sobre todo, que la naturaleza humana cuenta con poder para innovar, crear, superarse, este tejido de esfuerzos incoherentes produciría cualquier cosa en términos de organización social si el azar no estuviera limitado por las condiciones de existencia a las que debe ajustarse cualquier sociedad para no ser subyugada o aniquilada. Estas condiciones de existencia suelen ser ignoradas por los hombres que se someten a ellas; actúan, no imponiendo a los esfuerzos una dirección determinada, sino condenando a la ineficacia los esfuerzos que intentan avanzar por caminos previamente bloqueados.

Estas condiciones de vida están determinadas, ante todo, como para los seres vivos, primero, por el entorno natural, y, segundo, por la existencia, la actividad y la competencia de otros organismos de la misma especie, es decir, de otros grupos sociales. Hay un tercer factor, a saber, la disposición del medio natural, las herramientas, armas, procedimientos de trabajo y de combate. Este factor ocupa un lugar específico, dado que actúa sobre la forma de la organización social y, a su vez, es modificado por ella. En realidad, es el único mediante el cual los miembros de una sociedad pueden tener algún control. Esta visión de conjunto es demasiado abstracta para servir de guía, pero si pudiéramos partir de aquí y llegar a análisis concretos, quizá sería posible tener una perspectiva global del problema social. La buena voluntad ilustrada de los hombres que actúan como individuos es el único principio posible del progreso social; si las necesidades sociales, una vez que las hubiéramos delimitado adecuadamente, quedaran fuera del alcance de esta buena voluntad, de la misma forma que lo están las regidas por los astros, solo quedaría contemplar el desarrollo de la historia como contemplamos el paso de las estaciones, haciendo todo lo posible para ahorrarse a uno mismo y a sus seres queridos la desgracia de ser, bien instrumento, bien víctima de la opresión social. Si fuera de otro modo, sería necesario, en primer lugar, definir como límite ideal las condiciones objetivas, que darían paso a una organización social absolutamente libre de opresión, y luego averiguar por qué medios y en qué medida las condiciones dadas se pueden transformar para que se acerquen a este ideal; encontrar cuál es la forma menos opresiva de organización para un conjunto dado de condiciones objetivas, y, finalmente, definir, dentro de este ámbito, el poder de acción y las responsabilidades de los individuos considerados como tales. Solo entonces la acción política podría ser algo similar a un trabajo en lugar de ser, como ha sido el caso hasta ahora, bien un juego, bien una forma de magia.

Desgraciadamente, para llegar a este punto, no solo necesitamos reflexiones profundas y rigurosas sometidas, para evitar errores, a un control estricto, sino también estudios históricos, técnicos y científicos de una amplitud y una precisión sin precedentes, desarrollados desde un punto de vista completamente novedoso. No obstante, los hechos no van a esperar; el tiempo no se detendrá para darnos tregua. La actualidad se nos impone con urgencia y nos amenaza con catástrofes que acarrearían, entre otras muchas desgracias terribles, la imposibilidad material de estudiar y escribir, salvo al servicio de los opresores. ¿Qué hacer? No sirve de nada dejarse llevar por un impulso sin sentido. Nadie tiene la menor idea ni de los objetivos ni de los medios de lo que todavía es costumbre llamar acción revolucionaria. En cuanto al reformismo, el principio del mal menor, que constituye su base, es eminentemente razonable, por mucho que lo hayan desacreditado los que lo han utilizado hasta ahora; solo que, si hasta ahora solo ha servido de pretexto para capitular, no es por la cobardía de algunos de sus jefes, sino por una ignorancia que, desgraciadamente, nos afecta a todos, pues, mientras no hayamos definido lo peor y lo mejor en términos de un ideal claro y concretamente definido, hasta que no hayamos determinado el margen exacto de las posibilidades, no sabremos cuál es el mal menor, y nos veremos en la tesitura de aceptar bajo este nombre todo lo que impongan los que tienen la fuerza de hacerlo, porque cualquier mal real es siempre menor que los males posibles que podría acarrear una acción no calculada. En general, avanzamos a ciegas y solo podemos elegir entre la capitulación o la aventura. No obstante, no podemos eludir el hecho de que tenemos que decidir ahora mismo qué actitud adoptar ante la situación actual. Por esta razón, a la espera de desmantelar el mecanismo social, si es que tal cosa es posible, podemos intentar esbozar sus principios, siempre que quede claro que este esbozo excluye cualquier información categórica y solo pretende someter algunas ideas, a modo de hipótesis, al examen crítico de personas de buena fe. Por lo demás, estamos lejos de carecer de guía. Si el sistema de Marx, en grandes líneas, es de poca ayuda, otra cosa son los análisis a los que le condujo el estudio concreto del capitalismo, análisis en los que, creyendo limitarse a caracterizar un régimen, captó sin duda más de una vez la naturaleza oculta de la opresión misma.

Entre todas las formas de organización social que nos presenta la historia, muy pocas parecen estar realmente libres de opresión, e incluso estas son poco conocidas. Todas ellas corresponden a un nivel extremadamente bajo de producción, tan bajo que la división del trabajo es prácticamente desconocida, salvo entre los sexos, y cada familia produce poco más de lo que necesita consumir. Está bastante claro que semejante condición material excluye forzosamente la opresión, ya que cada hombre obligado a alimentarse debe batirse con la naturaleza exterior; en esta fase, en este estadio, la guerra misma es guerra de saqueo y exterminio, no de conquista, ya que no se dan los medios para garantizar la conquista, y sobre todo para sacarle partido. Lo sorprendente no es que la opresión aparezca únicamente a partir de las formas más elevadas de economía, sino que siempre las acompaña. Así pues, entre una economía totalmente primitiva y las formas económicas más desarrolladas, no solo hay una diferencia de grado, sino también una diferencia de naturaleza. Efectivamente, si bien desde el punto de vista del consumo solo existe el paso a un grado mayor de bienestar, la producción, que es el factor decisivo, se transforma en su esencia misma. Esta transformación consiste en una emancipación progresiva respecto a la naturaleza. En las formas más primitivas de producción, caza, pesca, recolección, el esfuerzo humano aparece como una mera reacción a la presión inexorable que ejerce de forma continuada la naturaleza sobre el hombre, y lo hace por dos vías: en primer lugar, bajo una presión inmediata, por obra de las constantes necesidades naturales y, como consecuencia indirecta, la acción parece recibir su forma de la naturaleza misma, a causa del importante papel que desempeñan una intuición asimilable al instinto animal y una paciente observación de los fenómenos naturales más frecuentes, a causa de la repetición indefinida de procedimientos que a menudo triunfan sin que sepamos por qué, que sin duda se perciben como acogidos por la naturaleza con especial benevolencia. En esta fase, cada hombre es necesariamente libre respecto a otros hombres, porque está en contacto inmediato con las condiciones de su propia existencia y nada humano se interpone entre ellas y él. En cambio, en la misma medida, está estrechamente sometido al dominio de la naturaleza y lo pone de manifiesto divinizándola. En los estadios superiores de la producción, las limitaciones que impone la naturaleza se siguen ejerciendo, sin paliativos, pero de una forma aparentemente menos inmediata; el dominio se hace cada vez más laxo y deja un margen creciente al libre albedrío del hombre, a su facultad de iniciativa y decisión. La acción ya no se va ciñendo de instante en instante a las exigencias de la naturaleza; aprendemos a acumular reservas, a largo plazo, para necesidades de las que todavía no somos conscientes; los esfuerzos que solo podrían tener una utilidad indirecta se hacen cada vez más numerosos; de la misma forma, se hace posible y necesaria una coordinación sistemática en el tiempo y en el espacio, al tiempo que su importancia aumenta cada vez más. Es decir, el hombre parece pasar por etapas, ante la naturaleza, que van de la esclavitud al dominio. Al mismo tiempo, la naturaleza pierde gradualmente su carácter divino y la divinidad reviste cada vez más la forma humana. Desgraciadamente, esta emancipación no es sino una apariencia halagüeña. En realidad, en estos estadios superiores, la acción humana sigue siendo, en su conjunto, pura obediencia al acicate brutal de la necesidad inmediata; simplemente, en lugar de verse acosado por la naturaleza, es el hombre quien acosa al hombre. Por lo demás, la presión de la naturaleza sigue siendo patente, aunque de forma indirecta, pues la opresión se ejerce por la fuerza y, a fin de cuentas, toda fuerza tiene su origen en la naturaleza.

La noción de fuerza dista mucho de ser simple, pero es

la primera que hay que dilucidar para plantear los problemas sociales. La fuerza y la opresión son cosas bien diferentes; pero lo que habría que comprender ante todo es que lo que determina si una fuerza oprime o no oprime no es la forma en que se utiliza, sino su naturaleza misma. Es lo que Marx vio con mucha claridad respecto al Estado; comprendió que esta máquina de triturar a los hombres no puede dejar de triturar mientras funcione, y no importan las manos en las que esté. Este punto de vista tiene un alcance mucho más general. La opresión surge exclusivamente de condiciones objetivas. La primera de ellas es la existencia de privilegios; y no son las leyes de los hombres las que determinan los privilegios, ni los títulos de propiedad, sino la naturaleza misma de las cosas. Algunas circunstancias, que corresponden a etapas sin duda inevitables del desarrollo humano, hacen surgir fuerzas que se interponen entre el hombre común y sus propias condiciones de existencia, entre el esfuerzo y el fruto del esfuerzo, y que, por su naturaleza misma, están monopolizadas por unos pocos, dado que no se pueden repartir entre todos. Y así, estos privilegiados, aunque dependen para vivir del trabajo ajeno, deciden la suerte de aquellos mismos de los que dependen, lo que hace perecer la igualdad. Es lo que ocurre cuando los ritos religiosos mediante los cuales el hombre cree reconciliarse con la naturaleza, demasiado numerosos y complicados para ser conocidos de todos, se convierten en el secreto (es decir, el monopolio) de algunos sacerdotes. El sacerdote dispone así, aunque sea sobre la base de una ficción, de todas las potencias de la naturaleza y gobierna en nombre de ellas. Nada esencial cambia cuando este monopolio ya no está conformado por ritos, sino por procedimientos científicos, cuando los que lo controlan se llaman, en lugar de sacerdotes, científicos y técnicos. Las armas también dan lugar a un privilegio desde el momento en que, por una parte, son lo bastante poderosas como para hacer imposible toda defensa de hombres desarmados contra hombres armados, por otra parte, su manejo se ha perfeccionado y complicado lo suficiente como para exigir un largo aprendizaje y una práctica continuada. Los trabajadores son impotentes para defenderse, mientras que los guerreros, aunque se encuentran en la imposibilidad de producir, pueden apoderarse gracias a las armas del fruto del trabajo ajeno: y así los trabajadores quedan a merced de los guerreros, y no a la inversa. Lo mismo ocurre con el oro, y en general con la moneda, una vez que la división del trabajo ha avanzado lo suficiente como para que ningún trabajador pueda vivir de su producción sin intercambiar al menos una parte con la de otros productores; la organización del comercio se convierte así en el monopolio de algunos especialistas que, al tener el control de la moneda, pueden procurarse, para vivir, los frutos del trabajo ajeno, privando a los productores de lo más indispensable. Finalmente, allá donde en la lucha contra los hombres o contra la naturaleza sea necesario sumar esfuerzos y coordinarse para ser eficaces, la coordinación se convierte en el monopolio de algunos dirigentes en cuanto alcanza un cierto grado de complicación y la primera ley de la ejecución pasa a ser la obediencia. Y así es para los asuntos públicos y para los empresariales. Puede haber otras fuentes de privilegio, pero estas son las principales; además, con excepción del dinero, que aparece en un momento determinado de la historia, todos estos factores funcionan con todos los regímenes de opresión. Lo que cambia es la forma en que se combinan y distribuyen, es el grado de concentración del poder, es el carácter más o menos cerrado y más o menos misterioso de cada monopolio. No obstante, los privilegios no bastan por sí solos para determinar la opresión. La desigualdad podría suavizarse fácilmente mediante la resistencia de los débiles y el espíritu de justicia de los fuertes; no daría lugar a una necesidad más tremenda todavía que las propias necesidades naturales si no entrara en juego otro factor, a saber, la lucha por la potencia.*

Marx lo comprendió claramente respecto al capitalismo y algunos moralistas lo entrevieron de forma más general: la potencia supone una especie de fatalidad que incide de forma despiadada sobre los que mandan y sobre los que obedecen. Y en la medida en que somete a los primeros, también aplasta a los segundos. La lucha contra la naturaleza supone necesidades ineludibles que nada puede doblegar, pero estas necesidades tienen sus propios límites; la naturaleza resiste, pero no se defiende, y cuando es lo único que está en juego, cada situación plantea obstáculos

* Weil utiliza muchas veces de forma diferenciada *pouvoir* y *puissance*, términos que también pueden ser sinónimos en otros contextos. Hemos preferido traducirlos sistemáticamente de forma diferente para que se trasluzca con más claridad el pensamiento de la autora. El primer concepto, que hemos traducido por «poder», tiene el sentido de autoridad o capacidad de ejercer un control efectivo y suele referirse a estructuras. En cambio, el segundo, que hemos traducido por «potencia», se refiere a una capacidad latente de hacer o no hacer algo y es propia de los seres humanos. El «poder» (junto con la «fuerza», que es un impulso ciego y deshumanizante que cosifica a las personas) puede neutralizar la «potencia» del ser humano. *(N. de la T.)*.

claramente definidos que dan al esfuerzo humano su medida. Es muy diferente cuando las relaciones de los hombres entre ellos sustituyen al contacto directo del hombre con la naturaleza. Conservar la potencia es una necesidad vital para los poderosos, ya que se alimentan de ella. Y deben conservarla contra sus rivales y contra sus inferiores, que no pueden dejar de intentar librarse de amos peligrosos; pues, en un círculo vicioso, el amo es temible para el esclavo precisamente porque aquel le teme a él, y a la inversa; y lo mismo ocurre entre potencias rivales.

Las dos luchas que todo hombre poderoso debe desarrollar, contra aquellos sobre los que reina y contra sus rivales, están inextricablemente unidas y se reavivan mutuamente. Un poder, cualquiera que sea, debe tender a consolidarse internamente mediante los éxitos obtenidos externamente, porque estos éxitos le proporcionan medios de coacción más poderosos. Además, la lucha contra los rivales trae su cohorte de esclavos, que tienen la ilusión de creerse afectados por el resultado del combate. Para obtener por parte de los esclavos la obediencia y los sacrificios indispensables para un combate victorioso, el poder debe oprimir más y más, y para estar en condiciones de ejercer esta opresión debe tornarse sin cesar hacia el exterior, y así sucesivamente. Podemos recorrer la misma cadena partiendo de otro eslabón, mostrar que un grupo social, para estar en condiciones de defenderse de las potencias exteriores que lo quieren anexionar, debe someterse a su vez a una autoridad opresora; y que el poder así establecido debe reavivar los conflictos con poderes rivales para mantenerse en su lugar, y así sucesivamente, una vez más. De este modo el más funesto de los círculos viciosos arrastra a toda la sociedad siguiendo a los que mandan en una rueda sin sentido.

Este círculo solo se puede quebrar de dos maneras: suprimiendo la desigualdad o mediante un poder estable que pueda mantener un equilibrio entre los que mandan y los que obedecen. Esta segunda solución es la que buscan los que llamamos partidarios del orden, o al menos aquellos que no están movidos por el servilismo o la ambición. Fue sin duda el caso de los escritores latinos que alabaron la «inmensa majestad de la *pax romana*», de Dante, de la escuela reaccionaria de comienzos del siglo XIX, de Balzac, y actualmente de hombres de derechas sinceros y reflexivos. Observada con atención, esta estabilidad en el poder, objetivo de los que se llaman realistas, se convierte en una quimera, al igual que la utopía anarquista.

Entre el hombre y la materia, cada acción, afortunada o desafortunada, establece un equilibrio que solo se puede romper desde fuera, pues la materia es inerte. Una piedra que desplazamos acepta su nuevo lugar; el viento acepta llevar a su destino al mismo barco que hubiera desviado de su ruta si sus tripulantes no hubieran hecho un uso correcto de la vela y el timón. Los hombres, en cambio, son seres esencialmente activos y cuentan con una facultad de determinarse a sí mismos que no pueden desactivar, aunque quieran, salvo el día en que la muerte los devuelve al estado de materia inerte; por lo tanto, toda victoria sobre los hombres lleva el germen de una posible derrota, a menos que lleguemos al extremo del exterminio. Sin embargo, el exterminio suprime la potencia al suprimir el objeto. En la esencia misma de la potencia tenemos, pues, una contradicción fundamental, que niega su existencia propiamente dicha; los que llamamos amos, obligados de forma constante a reforzar su poder, so pena de que se lo arrebaten, persiguen un dominio que es esencialmente imposible, del que los suplicios infernales de la mitología griega ofrecen bellas imágenes. No sería así si un hombre pudiera poseer en sí mismo una fuerza superior a la de muchos hombres reunidos, pero nunca es así: los instrumentos de poder, armas, oro, máquinas, secretos mágicos o técnicos, siempre existen al margen de aquel que se sirve de ellos, y otros se los pueden apropiar. El poder es siempre inestable.

En general, entre los hombres, las relaciones de poder y sumisión, como nunca son plenamente aceptables, conforman siempre un desequilibrio inevitable y que se va agravando de forma perpetua. Así es incluso en el terreno de lo privado, en el que el amor, por ejemplo, destruye todo equilibrio en el alma desde el momento en que busca someter a su objeto o bien someterse a él. Sin embargo, en este caso nada se opone a que la razón vuelva para poner orden, estableciendo un sistema de libertad y de igualdad; en cambio, en las relaciones sociales, en la medida en que los propios procesos de trabajo y de combate excluyen la igualdad, parecen imponer a los hombres la locura como una fatalidad externa. Dado que nunca hay poder, sino carrera por el poder, y como esta carrera no tiene fin, ni límite, ni medida, no hay límite ni medida para los esfuerzos que exige; los que se entregan a ellos, obligados a superar constantemente a sus rivales, que, por su parte, se esfuerzan por superarlos a ellos, no solo deben sacrificar la existencia de los esclavos, sino la suya propia y la de sus seres más queridos; así es como Agamenón inmolando a su hija revive en los capitalistas que, para mantener sus privilegios, aceptan alegremente guerras que podrían arrebatarles a sus hijos.

Y así la carrera por el poder esclaviza tanto a los poderosos como a los débiles. Marx lo vio claramente con respecto al régimen capitalista. Rosa Luxemburg se quejaba de la apariencia de «rueda que gira en el vacío» que presenta la imagen marxista de la acumulación capitalista, en la que el consumo aparece como un «mal necesario» que debe reducirse al mínimo, como un simple medio para mantener con vida a quienes se consagran como jefes o como obreros al objetivo supremo, que no es sino la fabricación de las máquinas, es decir, de los medios de producción. Y, sin embargo, en el carácter profundamente absurdo de esta imagen reside su profunda verdad, que va más allá del marco del régimen capitalista. El único carácter propio de este régimen es que los instrumentos de producción industrial son, al mismo tiempo, las principales armas en la carrera por el poder, pero, además, los procesos de la carrera por el poder, sean cuales fueren, someten a los hombres con ese mismo vértigo y se imponen a ellos como fines absolutos. El reflejo de este vértigo confiere grandeza épica a obras como la *Comedia humana*, o las obras de Shakespeare, o los cantares de gesta, o la *Ilíada*. El verdadero tema de la *Ilíada* es la forma en que la guerra se impone sobre los guerreros y, a través de ellos, sobre todos los humanos; nadie sabe por qué se sacrifica, sacrificando a todos los suyos, en aras de una guerra mortífera y sin objeto, y por esta razón, a lo largo de todo el poema, se atribuye a los dioses la influencia misteriosa que frustra las conversaciones de paz, reaviva constantemente las hostilidades, devuelve a la lucha a los combatientes que la abandonaron en un destello de la razón.

Así pues, en este antiguo y maravilloso poema aparece ya el mal esencial de la humanidad, la sustitución de los fines por los medios. Podemos encontrarnos en primer plano la guerra, la búsqueda de la riqueza o la producción, pero el problema sigue siendo el mismo. Los moralistas vulgares se quejan de que el hombre se mueva por sus intereses personales, pero más vale que sea así. El interés es un principio de acción egoísta, pero limitado, razonable, que no puede causar daños ilimitados. Por el contrario, la ley de todas las actividades que dominan la existencia social, si exceptuamos las sociedades primitivas, es el sacrificio de la vida humana, en uno mismo y en los demás, por algo que no es más que el medio para una vida mejor. Este sacrificio reviste diferentes formas, pero todo se reduce al poder. El poder, por definición, solo es un medio; o, mejor dicho, poseer el poder consiste simplemente en poseer medios de acción que superan la fuerza tan limitada de la que un individuo dispone por sí mismo. La búsqueda del poder, por estar esencialmente imposibilitada para alcanzar su objeto, excluye cualquier consideración de fin y consigue, por una inevitable inversión, ocupar el lugar de todos los fines. Esta inversión de la relación entre el medio y el fin, esta locura fundamental, da cuenta de todo lo insensato y sangriento que se da a lo largo de la historia. La historia humana solo es la historia del sometimiento que convierte a todos los hombres, opresores y oprimidos, en mero juguete de los instrumentos de dominio que han fabricado ellos mismos, reduciendo así la humanidad viva al rango de las cosas inertes.

No son los hombres sino las cosas las que dan a esta carrera vertiginosa por el poder un límite y unas leyes. El deseo de los hombres no la puede regular. Los amos pueden soñar con moderación, pero no pueden practicar esta virtud, so pena de derrota, salvo en muy pequeña medida, así que, salvo excepciones casi milagrosas, como Marco Aurelio, pronto son incapaces de concebirla siquiera. En cuanto a los oprimidos, su rebelión permanente, que siempre está en ebullición, aunque solo explote de vez en cuando, puede actuar tanto para agravar el mal como para limitarlo y sobre todo es un factor agravante en su conjunto, dado que obliga a los amos a ejercer su poder cada vez con más fuerza por miedo de perderlo. De vez en cuando, los oprimidos logran acabar con un equipo de opresores y sustituirlo por otro, a veces incluso logran cambiar la forma de opresión, pero cuando se trata de suprimir la opresión misma, habría que acabar con sus fuentes, abolir todos los monopolios, los secretos mágicos o técnicos que permiten el control de la naturaleza, el armamento, la moneda, la coordinación del trabajo. Aunque los oprimidos fueran lo bastante conscientes como para decidirse a ello no tendrían éxito. Sería condenarse al sometimiento inmediato por parte de agrupaciones sociales que no han sufrido la misma transformación; e incluso si este peligro se evitara milagrosamente, sería condenarse a muerte, pues una vez olvidados los procesos de producción primitivos y transformado el medio natural al que correspondían, ya no es posible recuperar el contacto inmediato con la naturaleza. A pesar de todos los esfuerzos por acabar con la locura y la opresión, la concentración del poder y el agravamiento de su carácter tiránico no tendrían límites si no fuera porque, afortunadamente, esos límites están en la naturaleza de las cosas. Es importante determinar brevemente cuáles podrían ser esos límites y para ello hay que tener en cuenta que, si bien la opresión es una necesidad de la vida social, no hay nada providencial en ella. La opresión no puede tener final, por muy perjudicial que sea para la producción. La «rebelión de las fuerzas productivas», tan ingenuamente invocada por Trotski como factor de la historia, es una mera ficción. Nos equivocaríamos al suponer que la opresión deja de ser ineludible cuando las fuerzas productoras están lo bastante desarrolladas como para garantizar bienestar y descanso para todos. Aristóteles admitía que no habría ningún obstáculo para la supresión de la esclavitud si los «esclavos mecánicos» asumieran las labores indispensables. Cuando Marx trató de anticipar el futuro de la especie humana, solo estaba retomando y desarrollando esta idea. Así sería si los hombres estuvieran movidos por la consideración del bienestar, pero desde la época de la *Ilíada* hasta nuestros días, las exigencias insensatas de la lucha por el poder nos quitan hasta el placer de pensar en el bienestar. El aumento del rendimiento del esfuerzo humano no podrá aligerar la carga de ese esfuerzo mientras la estructura social implique la inversión de la relación entre los medios y el fin, es decir, mientras los procesos de trabajo y de combate otorguen a unos pocos un poder discrecional sobre las masas, pues las fatigas y privaciones ya inútiles en la lucha contra la naturaleza serán absorbidas por la guerra librada entre los hombres para defender o conquistar privilegios. Una vez que la sociedad se divide entre hombres que ordenan y hombres que ejecutan, toda la vida social está regida por la lucha por el poder, y la lucha por la subsistencia se limita a ser un factor, si bien indispensable, de la primera.

La idea marxista según la cual la existencia social está determinada por las relaciones entre el hombre y la naturaleza que establece la producción sigue siendo la única base sólida para cualquier estudio histórico; simplemente, estas relaciones deben ser consideradas, ante todo, en términos de problema de poder, en el que los medios de subsistencia son simplemente uno de sus elementos. Este orden parece absurdo, pero simplemente refleja el absurdo esencial que está en el corazón mismo de la vida social. Un estudio científico de la historia sería así un estudio de las acciones y reacciones que se producen de forma perpetua entre la organización del poder y los procesos de producción, pues, si bien el poder depende de las condiciones materiales de la vida, nunca deja de transformar esas mismas condiciones. Un estudio de este tipo supera con mucho nuestras posibilidades, pero antes de abordar la complejidad infinita de los hechos procedería elaborar un esquema abstracto de este juego de acciones y reacciones, más o menos como los astrónomos debieron de inventar una esfera celeste imaginaria para reconocer en ella los movimientos y la posición de los astros.

Ante todo, habría que elaborar una lista de las necesidades ineludibles que limitan cualquier tipo de poder. En primer lugar, un poder se basa en instrumentos que en cada situación tienen un alcance determinado. Así pues, no se gobierna de la misma forma con soldados armados de flechas, lanzas o espadas que por medio de aviones y bombas incendiarias; la potencia que nace del oro depende del papel del comercio en la vida económica, la potencia de los secretos técnicos se mide por la diferencia entre lo que se puede hacer con ellos y lo que se puede hacer sin ellos, y así sucesivamente. A decir verdad, esta evaluación debe incluir siempre los trucos gracias a los cuales los poderosos obtienen con la persuasión lo que no pueden obtener mediante la coacción, bien colocando a los oprimidos en una situación tal que tengan o crean tener un interés inmediato en hacer lo que se les pide, bien inspirándoles un fanatismo que pueda llevarlos a aceptar cualquier sacrificio. En segundo lugar, como el poder que ejerce realmente un ser humano solo se puede ejercer sobre los que están efectivamente sometidos a su control, el poder tropieza siempre con los propios límites de la facultad de control, que son muy estrechos. Nadie puede abarcar una masa de ideas de forma simultánea, ningún hombre puede estar a la vez en varios lugares; tanto para el amo como para el esclavo, el día no tiene más que veinticuatro horas. Su colaboración es, aparentemente, un remedio para este inconveniente, pero como nunca está completamente libre de rivalidad, el resultado son complicaciones infinitas. Las facultades de examinar, comparar, sopesar, decidir, combinar son básicamente individuales. Lo mismo ocurre con el poder, cuyo ejercicio es inseparable de estas facultades; el poder colectivo es una ficción, al menos en última instancia. En cuanto a la cantidad de cuestiones que pueden acabar bajo el control de un solo hombre, es algo que depende en gran medida de factores individuales, como el alcance y la rapidez de la inteligencia, la capacidad de trabajo, la firmeza de carácter, pero también depende de las condiciones objetivas de control, la rapidez mayor o menor del transporte y de la información, la sencillez o la complejidad de los engranajes del poder. Finalmente, el ejercicio de un poder cualquiera exige un excedente en la producción de artículos de subsistencia, y debe ser suficientemente importante como para que todos aquellos que se consagran, en calidad de amos o de esclavos, a la lucha por el poder puedan vivir. Está claro que la magnitud de este excedente depende de la forma de producción y también de la organización social. Estos son los tres factores que permiten concebir en cada instante el poder político y social como algo análogo a una fuerza mensurable. No obstante, para completar el cuadro, hay que tener en cuenta el hecho de que los hombres que están en relación, como amos o como esclavos, con el fenómeno del poder no son conscientes de esta analogía. Los poderosos, ya sean sacerdotes, mandos militares, reyes o capitalistas, creen que gobiernan en virtud de un derecho divino. Y los que están sometidos a ellos se sienten aplastados por una potencia que les parece divina o diabólica, pero siempre sobrenatural. Las sociedades opresoras están cimentadas en esta religión del poder, que falsea todas las relaciones sociales, permitiendo a los poderosos disponer más allá de lo que pueden imponer. Solo funcionan las cosas de forma diferente en los momentos de efervescencia popular, momentos en los que todos, esclavos rebeldes y amos amenazados, olvidan hasta qué punto las cadenas de la opresión son pesadas y sólidas.

De esta forma, un estudio científico de la historia debería empezar analizando las reacciones que produce en cada instante el poder sobre las condiciones que marcan objetivamente sus límites; y un boceto hipotético de la forma en que funcionan estas reacciones es indispensable para guiar un análisis de este tipo, algo que resulta demasiado difícil para nuestras posibilidades actuales. Algunas de estas reacciones son conscientes y deliberadas. El poder se esfuerza conscientemente, en la medida de sus posibilidades, que vienen determinadas por la organización social, por mejorar en su propio ámbito la producción y el control. La historia nos da muchos ejemplos de ello, desde los faraones hasta nuestros días, y aquí se basa la noción de despotismo ilustrado. En cambio, cualquier poder se esfuerza, y lo hace conscientemente, por destruir en sus rivales los medios de producir y administrar, al tiempo que es objeto por parte de sus rivales de una tentativa similar. Así pues, la lucha por el poder construye al tiempo que destruye y nos trae, bien un progreso, bien una decadencia económica, en función de que se imponga la construcción o la destrucción. Está claro que, en una civilización determinada, la destrucción será tanto mayor cuanto al poder le resulte más difícil extenderse sin tropezar con poderes rivales de fuerza más o menos similar. Sin embargo, las consecuencias indirectas del ejercicio del poder tienen mucha más importancia que los esfuerzos conscientes de los poderosos. Todo poder, por el mero hecho de ejercerse, extiende hasta el límite de lo posible las relaciones sociales en las que descansa; de esta forma, el poder militar multiplica las guerras, mientras que el capital comercial multiplica el comercio. A veces, por un azar providencial, esta extensión hace brotar, por algún tipo de mecanismo, nuevos recursos que hacen posible una nueva extensión, y así sucesivamente, de forma muy parecida a cómo los alimentos fortalecen los cuerpos vivos en crecimiento y les permiten conquistar aún más alimentos para adquirir mayor fuerza. Todos los regímenes ofrecen ejemplos de estos azares providenciales, ya que sin ellos ninguna forma de poder podría perdurar, de modo que los poderes que se benefician de ellos son los únicos que subsisten. Así pues, la guerra permitía a los romanos raptar esclavos, es decir, trabajadores en la flor de la edad que otros debieron alimentar en la infancia; el beneficio obtenido con el trabajo de los esclavos permitía reforzar el ejército y este, más fuerte, emprendía guerras más extensas que le reportaban un nuevo y más considerable botín de esclavos. De la misma forma, las vías que construían los romanos con fines militares facilitaban posteriormente la administración y la explotación de las provincias, contribuyendo así a cultivar recursos para nuevas guerras. Si pasamos a los tiempos modernos, vemos, por ejemplo, que la extensión del comercio ha provocado una división del trabajo más grande, que a su vez hace indispensable una mayor circulación de las mercancías; además, la productividad mayor que se deriva de ello ofrece recursos nuevos que se han podido transformar en capital comercial e industrial. En lo que se refiere a la gran industria, está claro que cada progreso importante del maquinismo ha creado recursos, instrumentos y un estímulo para seguir avanzando. De la misma forma, la técnica de la gran industria ha proporcionado los medios de control y de información indispensables a la economía centralizada, en la que desemboca inevitablemente la gran industria, como el telégrafo, el teléfono y la prensa diaria. Lo mismo puede decirse de los medios de transporte. A lo largo de la historia podríamos encontrar un inmenso número de ejemplos similares, que abarcan los aspectos más grandes y más pequeños de la vida social. Podemos definir el crecimiento de un régimen por el hecho de que su mero funcionamiento puede suscitar nuevos recursos que le permitan funcionar a mayor escala.

Este fenómeno de desarrollo automático es tan sorprendente que estaríamos tentados de imaginar que un régimen felizmente constituido, si puede decirse así, persistiría y progresaría sin fin. Es exactamente lo que el siglo XIX, socialistas incluidos, imaginaba sobre el régimen de la gran industria. Es fácil imaginar un vago régimen opresor que no haya alcanzado la decadencia, pero no lo es tanto imaginar de forma clara y concreta la extensión indefinida de un poder determinado. Si pudiera desarrollar infinitamente sus medios de control, se acercaría de manera indefinida a un límite que sería como el equivalente de la ubicuidad; si pudiera ampliar sin fin sus recursos, sería como si la naturaleza circundante evolucionara gradualmente hacia esta generosidad sin reservas con la que contaban Adán y Eva en el paraíso terrenal; finalmente, si pudiera extender indefinidamente el alcance de sus propios instrumentos (ya sean armas, oro, secretos técnicos, máquinas u otra cosa), tendería a abolir esta correlación que, al vincular de manera indisoluble la noción de amo a la de esclavo, establece entre el amo y el esclavo una relación de dependencia recíproca. No podemos demostrar que todo esto sea imposible, pero debemos admitir su imposibilidad, salvo que nos resolvamos a entender la historia de la humanidad como un cuento de hadas. En general, solo podemos considerar que el mundo en que vivimos está sometido a leyes si admitimos que en él todos los fenómenos son limitados. Lo mismo sucede con el fenómeno del poder, como había comprendido Platón. Si queremos considerar el poder como un fenómeno concebible, debemos pensar que puede ampliar las bases sobre las que descansa solo hasta cierto punto, porque después tropieza con un muro infranqueable. No obstante, tampoco le es posible detenerse; el acicate de la rivalidad le obliga a llegar cada vez más lejos, es decir, a superar los límites en el interior de los cuales puede ejercerse de forma efectiva. Se extiende más allá de lo que puede controlar, manda más allá de lo que se puede imponer, gasta más allá de sus propios recursos. Esta es la contradicción interna que todo régimen de opresión lleva en su seno como un germen de muerte; está constituida por la oposición entre el carácter necesariamente limitado de las bases materiales del poder y el carácter necesariamente ilimitado de la carrera por el poder entendida como relación entre los hombres.

Porque, en cuanto un poder sobrepasa los límites que le impone la naturaleza de las cosas, estrecha las bases sobre las que descansa y hace que estos límites sean cada vez más estrechos. Al expandirse más allá de lo que puede controlar, genera parasitismo, despilfarro y desorden que, una vez que aparecen, no paran de aumentar. Al intentar disponer donde no puede obligar (no está en condiciones de gobernar), provoca reacciones que no puede ni prever ni resolver. Por último, al tratar de extender la explotación de los oprimidos más allá de lo que permiten los recursos objetivos, agota esos mismos recursos. Esto es sin duda lo que quiere decir el cuento antiguo y popular de la gallina de los huevos de oro. Cualesquiera que sean las fuentes de las que los explotadores extraen los bienes de los que se apropian, llega un momento en que un procedimiento de explotación cualquiera, que, a medida que se iba extendiendo, era más y más productivo, se hace, por el contrario, cada vez más costoso. Así es como el ejército romano empezó enriqueciendo a Roma, pero acabó por arruinarla; así es como los caballeros de la Edad Media, cuyas batallas dieron en un principio una seguridad relativa a los campesinos que encontraban en ellos una cierta protección contra el bandolerismo, acabaron devastando con sus guerras constantes los cultivos que los alimentaban. Y pareciera que el capitalismo está atravesando una fase similar. Una vez más, no puede demostrarse que vaya a ser siempre así, pero debemos aceptarlo, a menos que partamos de una hipótesis de recursos inagotables. La naturaleza misma de las cosas es la divinidad justiciera que los griegos adoraban bajo el nombre de Némesis, que castiga la desmesura.

Cuando una forma determinada de dominación se ve frenada en seco en su impulso y condenada a la decadencia, empieza a desaparecer poco a poco; a veces ocurre lo contrario, que oprime con más dureza, que aplasta a los seres humanos con su peso, que tritura sin piedad cuerpos, corazones y mentes. A medida que todos empiezan poco a poco a verse escasos de los recursos que necesitarían para vencer, o bien que necesitarían para vivir, llega un momento en que todos los bandos buscan febrilmente una salida. No hay ninguna razón para que no sea una búsqueda vana y, en este caso, el régimen solo puede acabar implosionando por falta de recursos para subsistir, y dar paso no a otro régimen mejor organizado, sino a desorden, miseria y vida primitiva que duran hasta que una causa cualquiera hace aparecer nuevas relaciones de fuerza. Si no es así, si la búsqueda de nuevos recursos es fructífera, surgirán nuevas formas de vida social y se irá perfilando lenta y subrepticiamente un cambio de régimen. Y surgirán subrepticiamente porque estas formas nuevas solo se pueden desarrollar en la medida en que sean compatibles con el orden preestablecido, y porque no plantean, al menos en apariencia, peligro alguno para los poderes existentes; en caso contrario nadie podría impedir que esos poderes las aniquilasen en la medida en que son los más fuertes. Para que las nuevas formas sociales prevalezcan sobre las antiguas, previamente este desarrollo continuo debe haberlas llevado a desempeñar efectivamente un papel más importante en el funcionamiento del organismo social, es decir, deben haber suscitado fuerzas superiores a las fuerzas de las que disponen los poderes oficiales. Así pues, nunca se produce una verdadera ruptura de la continuidad, ni siquiera cuando la transformación del régimen parece el efecto de una lucha sangrienta, pues la victoria se limita entonces a consagrar las fuerzas que, desde antes de la lucha, constituían el factor decisivo de la vida colectiva, formas sociales que ya habían empezado tiempo antes a ocupar el lugar de aquellas sobre las que descansaba el régimen en decadencia. Así es como, en el Imperio romano, los bárbaros empezaron a ocupar los puestos más importantes, el ejército se disgregó poco a poco en bandas dirigidas por aventureros y la institución del dominio colonial sustituyó gradualmente la esclavitud por la servidumbre, mucho antes de las grandes invasiones. De la misma forma, la burguesía francesa no esperó a 1789 para imponerse a la nobleza. La revolución rusa, gracias a un singular concurso de circunstancias, pareció ser el origen de algo completamente nuevo, pero la verdad es que los privilegios que suprimió no tenían desde hacía tiempo ninguna base social, salvo la tradición; que las instituciones que surgieron durante la insurrección no empezaron a operar de un día para otro, y que las fuerzas reales, a saber, la gran industria, la policía, el ejército, la burocracia, lejos de haber sido quebradas por la revolución, lograron gracias a ella una potencia desconocida en otros países. En general, esta inversión repentina del equilibrio de fuerzas, que es lo que comúnmente entendemos por revolución, no es solo un fenómeno desconocido en la historia: si miramos más de cerca, es un fenómeno bastante inconcebible, pues sería una victoria de la debilidad sobre la fuerza, el equivalente de una balanza en la que quedara más bajo el platillo más ligero. Lo que la historia nos muestra son lentas transformaciones de regímenes en las que los hechos sangrientos que llamamos revoluciones desempeñan un papel muy secundario, incluso pueden estar ausentes. Ese es el caso cuando la capa social que dominaba en nombre de las antiguas relaciones de fuerza llega a conservar una parte del poder al hilo de las nuevas: tenemos un ejemplo de ello en la historia de Inglaterra. Cualquiera que sea la forma que adopten las transformaciones sociales, si tratamos de poner al descubierto su mecanismo, nos encontraremos con una turbia interacción de fuerzas ciegas que se unen o que chocan, que avanzan o retroceden, que van ocupando las unas el lugar de las otras, sin dejar de triturar bajo su peso a los desventurados humanos. Este siniestro engranaje no presenta a primera vista ningún defecto a través del cual pueda abrirse paso un intento de liberación. Sin embargo, difícilmente extraeremos conclusiones de un esquema tan vago, abstracto, miserablemente somero.

Debemos plantear una vez más el problema fundamental, a saber, en qué consiste el vínculo que parece unir hasta ahora opresión social y progreso en las relaciones del hombre con la naturaleza. Si consideramos todo el desarrollo humano hasta nuestros días, si comparamos los pueblos primitivos, organizados casi sin desigualdad, con nuestra civilización actual, pareciera que el hombre no es capaz de aligerar el yugo de las necesidades naturales sin sobrecargar el de la opresión social, como si entrase en juego un misterioso equilibrio. Y, lo que es más singular, si la colectividad humana se ha liberado en gran medida del peso con el que las fuerzas desmesuradas de la naturaleza abruman a la débil humanidad, pasa a ocupar de alguna forma el lugar de la naturaleza, hasta el punto de aplastar al individuo de forma similar.

¿Qué convierte al hombre primitivo en esclavo? Es el hecho de que no controla su propia actividad, es un juguete de la necesidad que le dicta cada uno de sus gestos, o casi, y lo acosa con su aguijón despiadado. Y sus acciones están reguladas no por su propio pensamiento, sino por las costumbres y caprichos igualmente incomprensibles de una naturaleza a la que solo puede adorar con sumisión ciega. Si consideramos solo la comunidad, los hombres parecen elevarse en nuestros días hasta una condición que se encuentra en las antípodas de este estado servil. Casi nada de su trabajo es una simple respuesta al impulso imperioso de la necesidad; el trabajo se realiza de tal forma que toma posesión de la naturaleza y se dispone de tal forma que las necesidades quedan satisfechas. La humanidad ya no se cree en presencia de divinidades caprichosas cuyo favor debe ganarse; sabe que simplemente tiene que manejar materia inerte y lo hace ciñéndose de forma metódica a leyes claramente concebidas. Finalmente, parece que hemos alcanzado la época que predijo Descartes, en la que los hombres emplean «la fuerza y la acción del fuego, del agua, del aire, de los astros y de todos los cuerpos» de la misma forma que lo hacen los artesanos, llegando así a ser señores de la naturaleza. En una curiosa inversión, este dominio colectivo se convierte en sometimiento en cuanto descendemos a la escala del individuo, y se trata de un sometimiento muy similar al de la vida primitiva. Los esfuerzos del trabajador moderno se le imponen de forma tan brutal, tan despiadada, se ve tan constreñido por ellos como el cazador primitivo por el hambre, y desde este cazador primitivo hasta el obrero de las grandes fábricas, pasando por los trabajadores egipcios empujados a latigazos, por los esclavos antiguos, por los siervos de la Edad Media, constantemente bajo la amenaza de la espada de los señores, los hombres nunca han dejado de estar obligados a trabajar por una fuerza externa y bajo amenaza de muerte casi inmediata. En cuanto a la secuencia de los movimientos de trabajo, a menudo también viene impuesta desde el exterior para nuestros obreros como para los hombres primitivos, siendo tan misteriosa para los primeros como para los segundos. En este ámbito la coacción es, sin comparación posible, mucho más brutal en nuestros días de lo que nunca ha sido: por mucho que el hombre primitivo estuviera condenado a la rutina y a los tanteos a ciegas, al menos podía tratar de reflexionar, combinar e innovar por su cuenta y riesgo, libertad de la que un obrero en una cadena de montaje está absolutamente privado. Finalmente, si la humanidad parece haber logrado dominar estas fuerzas de la naturaleza que, sin embargo, en palabras de Spinoza «superan con mucho las del hombre» y esto casi de forma tan soberana como un jinete puede dominar a su caballo, esta victoria no pertenece a los hombres considerados de uno en uno; solo los grupos más amplios están en condiciones de manejar «la fuerza y las acciones del fuego, del agua, del aire... y de todos los cuerpos que nos rodean». En cuanto a los miembros de estos grupos, tanto opresores como oprimidos están igualmente sometidos a las exigencias implacables de la lucha por el poder.

Así pues, a pesar del progreso, el hombre no ha abandonado la condición servil en la que se encontraba cuando, débil y desnudo, quedaba en poder de todas las fuerzas ciegas que componen el universo. Simplemente, la potencia que lo mantiene hincado de rodillas se ha transferido en cierta forma de la materia inerte a la sociedad que forma junto con sus semejantes. Esta sociedad se impone a su adoración a través de todas las formas que van tomando los sentimientos religiosos. Una vez que la cuestión social se plantea de forma lo bastante clara, debemos examinar el mecanismo de esta transferencia, debemos averiguar por qué el hombre ha debido pagar este precio a cambio de su potencia sobre la naturaleza, debemos imaginar en qué puede consistir para él la situación menos desafortunada, es decir, aquella en la que se vea menos sometido al doble dominio de la naturaleza y de la sociedad. Debemos, en fin, avistar qué caminos le pueden acercar a este tipo de situación y qué instrumentos podría dar a los hombres de hoy la civilización actual si aspirasen a transformar su vida en este sentido.

Aceptamos con demasiada facilidad el progreso material como un regalo del cielo, como algo inevitable, pero debemos mirar de frente las condiciones que nos impone su realización. La vida primitiva es fácil de comprender: el hombre se ve acechado por el hambre o al menos por la anticipación, igualmente acuciante, de que pronto sentirá hambre. Y sale en busca de comida, tirita de frío, o al menos ante el pensamiento de que pronto tendrá frío, e intenta crear y conservar cosas buenas como el calor, y así sucesivamente. En cuanto a la forma de encararlo, en primer lugar, viene de costumbres adoptadas en la infancia, de imitar a los ancianos y también de hábitos que se va dando él mismo, en el transcurso de múltiples ensayos, repitiendo los procedimientos que han funcionado. Y cuando se ve sin recursos, tantea una vez más, empujado a actuar por esa necesidad que no le da reposo. En todo esto, el hombre solo tiene que ceder ante su propia naturaleza, no tiene que vencerla.

Por el contrario, en cuanto pasa a un estadio más avanzado de la civilización, es como si ocurriera un milagro. Vemos así a los hombres acumular cosas buenas para consumir, deseables, de las que sin embargo se privan. Vemos como abandonan en gran medida la búsqueda de comida, de calor y de todo lo demás, para consagrar sus fuerzas a trabajos aparentemente estériles. A decir verdad, estos trabajos, que son estériles en su mayor parte, son infinitamente más productivos que los esfuerzos del hombre primitivo, pues tienen como efecto una adecuación de la naturaleza exterior en un sentido favorable para la vida humana. Sin embargo, esta eficacia es indirecta y a menudo independiente del esfuerzo: hay tantos intermediarios que cuesta seguirles la pista. También es un esfuerzo a largo plazo, a muy largo plazo, tan largo que solo las generaciones futuras verán sus beneficios, mientras que el cansancio extenuante, los dolores, los peligros ligados a estos trabajos pasan factura de forma inmediata y perpetua. Todos sabemos, por experiencia propia, lo raro que es que la idea abstracta de una utilidad lejana se imponga a los dolores, las necesidades y los deseos presentes. Sin embargo, es necesario que así sea en la existencia social, para no volver a la vida primitiva.

Y lo más milagroso de todo es la coordinación del trabajo. Todo nivel de producción relativamente elevado supone una cooperación más o menos amplia, y la cooperación se define por el hecho de que los esfuerzos de cada cual solo tienen sentido y eficacia a través de su relación y su exacta correspondencia con los esfuerzos de todos los demás, de modo que todos los esfuerzos constituyen un solo trabajo colectivo. En otras palabras, los movimientos de varios hombres deben combinarse de la forma en que se combinan los movimientos de un solo hombre. ¿Cómo es esto posible? Una combinación solo funciona si se piensa bien, una relación solo puede formarse en el interior de una mente. El número dos pensado por un hombre no se puede sumar al número dos pensado por otro hombre para formar el número cuatro. De la misma forma, la concepción que uno de los cooperadores tiene del trabajo parcial que realiza no se puede combinar con la concepción que cada uno de los otros tiene de su tarea respectiva para formar un trabajo coherente. Varias mentes humanas no se unen en una mente colectiva y los términos de *alma colectiva*, de *pensamiento colectivo*, que tanto se emplean en nuestros días, están totalmente vacíos de sentido. Para que se puedan combinar los esfuerzos de más de uno, todos deben estar dirigidos por una sola y misma mente, como se ve en el famoso verso de *Fausto*: «Un solo espíritu tiene el valor de mil brazos».

En la organización igualitaria de los pueblos primitivos, nada permite resolver ninguno de estos problemas, ni el de la privación, ni el del estímulo del esfuerzo, ni el de la coordinación de los trabajos. En cambio, la opresión social nos ofrece una solución inmediata al crear, por decirlo burdamente, dos categorías de hombres: los que mandan y los que obedecen. El jefe coordina sin problemas los esfuerzos de sus subordinados; no necesita vencer ninguna tentación para reducirlos a lo estrictamente necesario. Y en cuanto al estímulo del esfuerzo, una organización opresora está admirablemente preparada para lograr que los hombres galopen más allá del límite de sus fuerzas, azuzados por la ambición o bien, en palabras de Homero, «por la presión de una dura necesidad».

Los resultados suelen ser prodigiosos cuando la división de las categorías sociales es tan profunda que los que deciden el trabajo nunca están expuestos a sentir, o ni siquiera a conocer, la labor agotadora, el dolor, el peligro, mientras que los que ejecutan o sufren no tienen elección, ya que están permanentemente bajo amenaza de muerte más o menos disimulada. Así es como el hombre escapa únicamente a los caprichos de una naturaleza ciega cuando se libra a los caprichos, no menos ciegos, de la lucha por el poder. Esto es especialmente cierto cuando el hombre logra, como es nuestro caso, una técnica lo bastante avanzada como para tener el control de las fuerzas de la naturaleza, pues, para que pueda ser así, la cooperación debe llevarse a cabo a una escala tan amplia que los dirigentes se encuentran con una masa de asuntos que va muchísimo más allá de su capacidad de control. En consecuencia, la humanidad se convierte en juguete de las fuerzas de la naturaleza, en la nueva forma que les ha dado el progreso técnico, como lo fue en tiempos primitivos; ya lo hemos vivido y lo estamos viviendo de la forma más amarga. En cuanto a las tentativas de conservar la técnica sacudiendo la opresión, suscitan tanta pereza y tanto desorden que los que se entregan a ello suelen verse obligados a volver a colocar la cabeza en el yugo, como se ha podido ver a pequeña escala en las cooperativas de producción y a muy gran escala en la Revolución rusa. Es como si el hombre naciera esclavo y la servidumbre fuera su condición natural.

III
CUADRO TEÓRICO DE UNA SOCIEDAD LIBRE

Y, sin embargo, nada en el mundo puede impedir que el hombre sienta que ha nacido para la libertad. Nunca, pase lo que pase, podrá aceptar la servidumbre, pues es un ser pensante. Nunca ha dejado de soñar con una libertad sin límites, ya sea como una felicidad perdida de la que se ha visto privado por castigo o como una felicidad futura, que le es debida por una especie de pacto con una providencia misteriosa. El comunismo imaginado por Marx es la forma más reciente de este sueño. Este sueño siempre fue vano, como todos los sueños, consolador, pero como lo sería el opio. Ha llegado el momento de renunciar a soñar con la libertad y ponerse manos a la obra para pensarla.

Debemos esforzarnos por imaginar la libertad perfecta, no con la esperanza de alcanzarla, sino con la esperanza de alcanzar una libertad menos imperfecta que nuestra condición actual, porque solo se puede llegar a lo mejor imaginando lo perfecto. Solo es posible avanzar hacia un ideal. El ideal es tan irrealizable como el sueño, pero, a diferencia del sueño, se relaciona con la realidad, y permite, a modo de límite, colocar situaciones reales o realizables ordenadas de menor a mayor valor. La libertad perfecta no se puede entender como algo consistente simplemente en la desaparición de esta necesidad cuya presión sufrimos permanentemente; mientras viva el hombre, es decir, mientras sea un fragmento ínfimo de este universo despiadado, la presión de la necesidad no aflojará ni un solo instante. Un estado de cosas en el que el hombre tendría tanto placer y tan poca fatiga como deseara no cabe, salvo en una ficción, en el mundo en que vivimos. La naturaleza, bien es cierto, es más o menos clemente con las necesidades humanas, según los climas, y quizá según las épocas, pero esperar un invento milagroso que la haría clemente en todas partes de una vez por todas es más o menos tan razonable como las esperanzas que en otro tiempo se pusieron en el cambio de milenio. Por lo demás, si examinamos esta ficción de cerca ni siquiera parece que merezca la pena lamentarse. Basta tener en cuenta la debilidad humana para comprender que una vida en la que hubiera desaparecido la noción misma de trabajo quedaría librada a las pasiones, y quizá a la locura; no hay dominio de sí sin disciplina, no hay más fuente de disciplina para el hombre que el esfuerzo que le exigen los obstáculos exteriores. Un pueblo de ociosos podría entretenerse inventando obstáculos, disfrutar de las ciencias, las artes, el juego, pero los esfuerzos que solo vienen de la fantasía no son para el hombre un medio de dominar sus propias fantasías. Los obstáculos con los que tropieza y que debe superar le dan la ocasión de vencerse a sí mismo. Incluso las actividades en apariencia más libres, ciencia, arte, deporte, solo tienen valor en la medida en que imitan la exactitud, el rigor, los escrúpulos propios del trabajo e incluso los exageran. Sin el modelo que ofrecen sin saberlo, el agricultor, el herrero, el marino que trabajan como es debido, por emplear una expresión de notable ambigüedad, caerían en la arbitrariedad pura. La única libertad que podemos atribuir a la edad de oro es la que disfrutan los niños pequeños cuando sus padres no les imponen normas. En realidad, no es más que una sumisión incondicional a los caprichos. El cuerpo humano no puede depender en modo alguno del poderoso universo en el que está atrapado. Aunque el hombre dejara de estar sometido a las cosas y a otros hombres por las necesidades y los peligros, las emociones que le embargarían continuamente y de las que no podría defenderle ninguna actividad regular le devolverían inevitablemente a sus manos. Si tuviéramos que entender por libertad la mera ausencia de toda necesidad, esta palabra estaría vacía de sentido concreto, pero no por ello representaría para nosotros aquello cuya desaparición privaría a la vida de valor.

Podemos entender por libertad una cosa diferente de la posibilidad de obtener sin esfuerzo lo que deseamos. Sin embargo, existe una idea muy distinta de la libertad, una idea heroica que es la de la sabiduría común. La libertad verdadera no se define por una relación entre el deseo y la satisfacción, sino por una relación entre el pensamiento y la acción; sería totalmente libre el hombre cuyas acciones procedieran en su totalidad de una reflexión previa sobre el fin que se propone y el encadenamiento de los medios que pueden llevarle a ese fin. Poco importa que las acciones en sí sean fáciles o dolorosas, ni siquiera importa si tienen éxito; el dolor y el fracaso pueden hacer desgraciado al hombre, pero no pueden humillarlo en la medida en que disponga de su propia libertad de actuar. Disponer de sus propias acciones no significa en modo alguno actuar de forma arbitraria; las acciones arbitrarias no proceden de juicio alguno y no pueden considerarse realmente libres. Todo juicio se basa en una situación objetiva y, por ende, en un tejido de necesidades. El hombre no puede dejar de estar cercado por todas partes por una necesidad absolutamente inflexible, pero como es un ser pensante puede elegir entre ceder ciegamente ante el acicate que le empuja desde el exterior o conformarse con la representación interior que se hace de él, y en eso radica la oposición entre servidumbre y libertad. Los dos términos de esta oposición no son más que límites ideales entre los que oscila la vida humana, aunque no puede alcanzar ninguno de ellos, pues dejaría de ser vida. Un hombre sería completamente esclavo si todos sus gestos procedieran de una fuente diferente de su pensamiento, es decir, bien las reacciones irracionales del cuerpo, bien el pensamiento ajeno; el hombre primitivo hambriento, cuyos impulsos proceden de los espasmos que retuercen sus entrañas, el esclavo romano que obedece las órdenes de un capataz con un látigo, el obrero moderno de la cadena de montaje, todos ellos tienden a esta condición miserable. Se puede encontrar un modelo abstracto de la libertad completa en un problema bien resuelto de aritmética o geometría, pues en un problema todos los elementos de la solución vienen dados, y el hombre solo puede esperar ayuda de su propio juicio, que es el único capaz de establecer entre estos elementos la relación que por sí misma constituye la solución buscada. Los esfuerzos y las victorias de las matemáticas no van más allá de la hoja de papel, del reino de los signos y de los dibujos; una vida plenamente libre sería aquella en la que todas las dificultades reales se presentaran como tipos de problemas, en la que todas las victorias fueran soluciones en acción. Todos los elementos del éxito vendrían así dados, es decir, serían conocidos y manejados como lo son los signos para el matemático; para obtener el resultado deseado, bastaría con relacionar estos elementos, gracias a la dirección metódica que imprimiría el pensamiento, no a unos meros trazos de pluma, sino a movimientos efectivos que dejarían su marca en el mundo. Para decirlo mejor, la realización de cualquier obra consistiría en una combinación de esfuerzos tan consciente y metódica como la combinación de números que lleva a la solución de un problema cuando es fruto de la reflexión. El hombre tendría siempre en sus manos su propia suerte; forjaría en todo momento las condiciones de su propia existencia mediante un acto de pensamiento. El mero deseo no lo llevaría a ningún sitio, no recibiría nada gratis, incluso las posibilidades de esfuerzo eficaz estarían muy limitadas para él. El hecho mismo de no poder obtener algo sin haber puesto en acción, para conquistarlo, todas las potencias del pensamiento y del cuerpo permitiría al hombre sustraerse sin retorno al dominio ciego de las pasiones. Una perspectiva clara de lo posible y lo imposible, de lo fácil y de lo difícil, de las penas que separan el proyecto de su realización es la única manera de borrar los deseos insaciables y los temores vanos; de ahí y no de otro sitio proceden la templanza y el valor, virtudes sin las cuales la vida solo es un delirio vergonzoso. Por lo demás, todo tipo de virtud tiene su fuente en el encuentro entre el pensamiento humano y una materia sin indulgencia ni perfidia. No podemos concebir nada más grande para el hombre que un destino que lo enfrente a la necesidad desnuda, esperando solo de sí mismo y de modo tal que su vida sea una perpetua creación de sí mismo por sí mismo. El hombre es un ser limitado al que el ser no le viene dado, como es el caso del Dios de los teólogos, el autor directo de su propia existencia. Sin embargo, el hombre podría tener el equivalente humano de esta potencia divina si las condiciones materiales que le permiten existir fueran exclusivamente obra de su pensamiento dirigiendo el esfuerzo de sus músculos. Esta sería la verdadera libertad.

Esta libertad solo es un ideal y no puede darse en una situación real como la línea recta perfecta no puede ser trazada por el lápiz. Sería útil concebir este ideal si podemos ver al mismo tiempo qué nos separa de él y en qué circunstancias es posible alejarnos o acercarnos a él. El obstáculo que aparece en primer lugar está constituido por la complejidad y la extensión de este mundo al que nos enfrentamos, complejidad y extensión que superan infinitamente el alcance de nuestro espíritu. Las dificultades de la vida real no son problemas que podamos medir, son como problemas de datos innumerables, porque la materia es doblemente indefinida, tanto en extensión como en divisibilidad. Por lo tanto, es imposible que una mente humana tenga en cuenta todos los factores de los que depende el éxito de la acción más sencilla en apariencia; cualquier situación da paso a contingencias innumerables y las cosas se escapan a nuestra percepción como fluidos que se nos cuelan entre los dedos. Parecería pues que el pensamiento ya solo se puede ejercer sobre vanas combinaciones de signos y que la acción se debe reducir a los tanteos más ciegos. En realidad, no es así. Efectivamente, nunca podemos actuar con certeza, pero eso no es tan importante como podría parecer. Podemos soportar fácilmente que las consecuencias de nuestras acciones dependan de un azar incontrolable, pero lo que debemos sustraer al azar a cualquier precio son nuestras acciones mismas, para poder someterlas al control del pensamiento. Basta para ello que el hombre sea capaz de concebir una cadena de intermediarios que una los movimientos de los que es capaz con los resultados que desea obtener; y en general puede hacerlo gracias a la estabilidad relativa que persiste, a través de los remolinos ciegos del universo, a escala del organismo humano y que es la única que permite subsistir a este organismo. Esta cadena de intermediarios no es más que un esquema abstracto; cuando pasamos a la acción, pueden acaecer a cada momento accidentes que desbaratarán los planes mejor trazados. No obstante, si la inteligencia ha sabido elaborar claramente el plan abstracto de la acción que procede ejecutar, eso quiere decir, no que ha logrado eliminar el azar, sino que puede circunscribirlo y limitarlo, por así decirlo, filtrarlo, clasificando en relación con este plan la masa indefinida de los accidentes posibles en algunas series bien determinadas. Así, la mente no es capaz de reconocerse en los remolinos innumerables que forman en alta mar el viento y el agua. Sin embargo, si ponemos en el centro de estos remolinos un barco en el que las velas o el timón estén dispuestos de tal o cual forma, podremos hacer una lista de las posibles acciones. Todas las herramientas son, de forma más o menos perfecta, como instrumentos para definir el azar. El hombre podría eliminar el azar, si no a su alrededor, al menos en su interior. No obstante, esto también es un ideal inaccesible. El mundo es demasiado fértil en situaciones cuya complejidad nos supera como para que el instinto, la rutina, los tanteos, la improvisación puedan dejar de desempeñar un papel; el hombre solo puede limitar cada vez más este papel gracias a los progresos de la ciencia y de la técnica. Lo que importa es que este sea un papel subordinado y no impida que el método constituya el alma misma del trabajo. Tiene que aparecer también como provisional, y la rutina y los tanteos deben considerarse no como principios de acción, sino como un mal inevitable destinado a colmar las lagunas del pensamiento metódico; a esto nos ayudan considerablemente las hipótesis científicas, haciéndonos concebir los fenómenos apenas conocidos como regidos por leyes similares a las que determinan los fenómenos que comprendemos mejor. E, incluso cuando no sabemos nada, podemos suponer que se aplican leyes semejantes y esto basta para eliminar, si no la ignorancia, al menos la sensación de misterio, y también para hacernos comprender que vivimos en un mundo en el que el hombre solo puede esperar milagros de sí mismo.

Sin embargo, hay una fuente de misterio que no podemos eliminar, y es nuestro propio cuerpo. La enorme complejidad de los fenómenos vitales puede quizá desentrañarse gradualmente, al menos en cierta medida, pero una sombra impenetrable envolverá siempre la relación inmediata que vincula nuestros pensamientos a nuestros movimientos. En este ámbito, no podemos concebir ninguna necesidad, dado que no podemos determinar eslabones intermedios; además, la noción de necesidad, tal y como la concibe el pensamiento humano, solo es aplicable a la materia. Ni siquicra se puede encontrar una regularidad aproximada en los fenómenos en cuestión, a falta de una necesidad claramente concebible. A veces, las reacciones del cuerpo vivo son completamente ajenas al pensamiento; a veces, no mucho, simplemente cumplen sus órdenes; más frecuentemente, llevan a cabo lo que el alma ha deseado, sin la participación de esta última. A menudo también acompañan los deseos que expresa el alma sin corresponder a ellos en forma alguna, o bien se anticipan a los pensamientos. No hay clasificación posible. Por esta razón, cuando los movimientos del cuerpo vivo desempeñan el papel protagonista en la lucha contra la naturaleza, es difícil dar forma a la noción misma de necesidad; en caso de lograrlo, la naturaleza parece obedecer o cumplir inmediatamente los deseos y, en caso de no lograrlo, parece repelerlos. Es lo que sucede en las acciones realizadas sin instrumentos o con instrumentos tan bien adaptados a los miembros vivos que se limitan a prolongar sus movimientos naturales. Podemos entender así que los primitivos, a pesar de su enorme habilidad para hacer todo lo que necesitan para subsistir, representen la relación entre el hombre y el mundo bajo el aspecto no del trabajo, sino de la magia. Entre ellos y la red de necesidades que constituye la naturaleza y define las condiciones reales de la existencia se interponen como una pantalla todo tipo de caprichos misteriosos bajo cuyo influjo creen encontrarse; por muy poco opresiva que pueda ser la sociedad que forman, no dejan por ello de ser esclavos de esos caprichos imaginarios, a menudo interpretados por sacerdotes y brujos de carne y hueso. Estas creencias sobreviven en forma de supersticiones y, al contrario de lo que querríamos pensar, ningún hombre está completamente libre de ellas, pero su dominio va perdiendo fuerza a medida que, en la lucha contra la naturaleza, el cuerpo vivo pasa a segundo plano y los instrumentos inertes pasan a primer plano. Eso es lo que sucede cuando los instrumentos, que dejan de conformarse a partir de la estructura del organismo humano, lo obligan, por el contrario, a adaptar sus movimientos a su forma. No hay así correspondencia alguna entre los gestos que debemos ejecutar y las pasiones, el pensamiento debe sustraerse al deseo y al miedo y dedicarse únicamente a establecer una relación exacta entre los movimientos que se imprimen a los instrumentos y el objetivo perseguido. La docilidad del cuerpo en tal caso es una especie de milagro, pero un milagro que el pensamiento no debe tener en cuenta; el cuerpo, que por la costumbre se vuelve fluido, en la hermosa expresión de Hegel, transmite simplemente a los instrumentos los movimientos concebidos por la mente. La atención se dirige exclusivamente a las combinaciones formadas por los movimientos de la materia inerte y la noción de necesidad aparece en toda su pureza, sin contaminación de magia. Por ejemplo, en la tierra y movido por los deseos y los temores que se transmiten a sus piernas, el hombre a menudo pasa de un lugar a otro sin saber cómo; en cambio, en el mar, como los deseos y los temores no tienen poder alguno sobre el barco, es necesario recurrir a la astucia y la complejidad, disponer las velas y el timón, transformar el empuje del viento en una cadena de artificios que solo puede ser obra de un pensamiento lúcido.

No es posible reducir enteramente el cuerpo humano al papel de dócil intermediario entre el pensamiento y los instrumentos, pero sí es posible hacerlo progresivamente, a lo que contribuye cada avance de la técnica.

Sin embargo, desgraciadamente, aunque lográsemos someter estrictamente y hasta el más mínimo detalle todos los trabajos sin excepción al pensamiento metódico, inmediatamente aparecería un nuevo obstáculo para la libertad, a causa de la profunda diferencia de naturaleza que separa la especulación teórica de la acción. En realidad, no hay nada en común entre la resolución de un problema y la ejecución de un trabajo, aunque sea totalmente metódico, ni entre el encadenamiento de las nociones y el encadenamiento de los movimientos. El hombre que se enfrenta a una dificultad de orden teórico procede de lo más sencillo a lo más complejo, de lo claro a lo oscuro; en cambio, los movimientos de los trabajadores no son más sencillos o más claros unos que otros, sino que simplemente los que van antes son la condición de los que van después. Por otra parte, el pensamiento suele agrupar aquello que la ejecución separa, o bien separa lo que la ejecución debe unir. Por esta razón, cuando un trabajo cualquiera presenta dificultades de pensamiento que no se pueden superar de forma inmediata, es imposible unir el examen de estas dificultades a la ejecución del trabajo, pues la mente primero debe resolver el problema teórico con sus procedimientos propios y, posteriormente, ya es posible aplicar la solución a la acción. En tal caso, no se puede decir que la acción sea propiamente metódica, sino que es conforme al método, algo muy diferente. Y es una diferencia fundamental, pues quien aplica el método no necesita concebirlo en el momento en que lo aplica. Más bien, si se trata de cosas complicadas, no puede hacerlo, aunque lo hubiera elaborado esa misma persona, pues la atención, que tiende a ocuparse del momento presente de la ejecución, no puede abarcar al mismo tiempo el encadenamiento de relaciones del que depende el conjunto de la ejecución. Una vez que se ejecuta, deja de ser un pensamiento para convertirse en un esquema abstracto que indica una serie de movimientos, y es tan imposible abarcarlo con la mente en ese momento de la ejecución como si fuera una receta debida a la mera rutina o un rito mágico. Por otra parte, una sola y misma concepción es aplicable, con o sin modificaciones de detalle, un número indefinido de veces, pues, aunque el pensamiento abrace de golpe la serie de aplicaciones posibles de un método, no por ello el hombre está dispensado de ejecutarlas una por una todas las veces que sea necesario. Así pues, a un solo relámpago de pensamiento corresponde una cantidad ilimitada de acciones ciegas. Evidentemente, los que reproducen indefinidamente la aplicación de tal o cual método de trabajo a menudo ni siquiera se han tomado el trabajo de comprenderlo; por lo demás, frecuentemente cada uno de ellos se encarga de una parte de la ejecución, siempre la misma, mientras que sus compañeros se ocupan de todo lo demás. Por lo tanto, estamos ante una situación paradójica, a saber, que hay un método en los movimientos del trabajo, pero no lo hay en el pensamiento del trabajador. Se diría que el método se ha trasladado del espíritu a la materia. Las máquinas automáticas nos lo muestran de forma impactante. Desde el momento en que el pensamiento que ha elaborado un método de acción no necesita intervenir en la ejecución, podemos dejar esta ejecución al cuidado de fragmentos de metal, igual o mejor que si la dejáramos al cuidado de seres vivos, y nos encontramos así ante el extraño espectáculo de máquinas en las que el método se ha cristalizado en metal de forma tan perfecta que parece que sea el metal el que piense, y los hombres consagrados a su servicio se ven reducidos al estado de autómatas. Por lo demás, esta oposición entre la aplicación y la inteligencia del método reaparece, absolutamente idéntica, en el marco mismo de la pura teoría. Para tomar un ejemplo sencillo, es totalmente imposible, en el momento en que hacemos una división difícil, tener en la mente la teoría de la división, no solo porque esta teoría, que descansa en la relación de la división con la multiplicación, tiene cierta complejidad, sino porque al ejecutar cada una de las operaciones parciales al cabo de las cuales se lleva a cabo la división, olvidamos que las cifras pueden representar unidades, decenas o centenas. Los signos se combinan según las leyes de las cosas que representan, pero como no podemos tener siempre presente la relación del signo con el significado, las manejamos como si se combinaran de acuerdo con sus propias leyes; y así las combinaciones se hacen ininteligibles, lo que quiere decir que se llevan a cabo de forma automática. El carácter maquinal de las operaciones aritméticas se ilustra con la existencia de máquinas de calcular, pero un contable no es más que una máquina de calcular imperfecta y desgraciada. Las matemáticas solo avanzan si trabajamos con los signos, ampliando su significado, creando signos de signos; así las letras corrientes en el álgebra representan cantidades, o incluso operaciones virtuales, como es el caso de los valores negativos; otras letras representan funciones algebraicas, y así sucesivamente. Como en cada una de las fases, por así decirlo, llegamos inevitablemente a perder de vista la relación entre signo y significado, las combinaciones de signos, aunque sean siempre rigurosamente metódicas, pronto se hacen impenetrables para el pensamiento. No hay máquina algebraica satisfactoria, aunque se hayan hecho bastantes tentativas en este sentido, pero los cálculos algebraicos pueden ser a menudo tan automáticos como el trabajo del contable. Por decirlo más claramente, lo son más, en el sentido de que lo son, por así decirlo, esencialmente. Tras hacer una división, siempre podemos reflexionar sobre ella, devolviendo a los signos su significado, hasta que hayamos comprendido el porqué de cada parte de la operación; pero no ocurre lo mismo con el álgebra, donde los signos, a fuerza de ser manejados y combinados entre ellos como tales, acaban demostrando una eficacia que su significado no explica. Es lo que ocurre, por ejemplo, con el signo *e* y con el signo *i*: si los manejamos de forma adecuada, allanamos maravillosamente todo tipo de dificultades, y si los combinamos de una forma determinada (en griego), llegamos a la afirmación de que la cuadratura del círculo es imposible; sin embargo, ninguna mente humana concibe qué relación tienen las cantidades (si podemos llamarlas así) que designan estas letras con el problema de la cuadratura del círculo. El cálculo hace que los signos se relacionen en el papel, sin que los objetivos significados estén en relación mental; de modo que la cuestión misma del significado de los signos acaba no queriendo decir nada. Y así logramos resolver un problema por una suerte de magia, sin que la mente haya podido relacionar los datos de partida y la solución. Y así, como en el caso de la máquina automática, el método parece referirse a las cosas y no al pensamiento, aunque las cosas no son fragmentos de metal o trazos sobre un papel blanco. Por eso un científico llegó a decir: «Mi lápiz sabe más que yo». Es evidente que las matemáticas superiores no son un producto puro del automatismo y que el pensamiento e incluso la genialidad han participado en su elaboración. El resultado es una mezcla extraordinaria de operaciones ciegas con iluminaciones mentales, en la que el pensamiento no lo domina todo y, necesariamente, tendrá un papel subordinado. Y cuantas más combinaciones preestablecidas de signos acumula el progreso de la ciencia, más se ve aplastado el pensamiento, impotente para hacer un inventario de las nociones que maneja. Por supuesto, la relación de las fórmulas así elaboradas con las aplicaciones prácticas que puedan tener es también muchas veces totalmente impenetrable para el pensamiento y, por lo tanto, aparece como algo tan fortuito como la eficacia de una fórmula mágica. El trabajo pasa a ser en este caso, por así decirlo, automático al cuadrado: no se trata solo de la ejecución, sino también de la elaboración del método de trabajo, que tiene lugar sin ser dirigida por el pensamiento. Podríamos concebir, a modo de límite abstracto, una civilización en la que toda actividad humana, tanto en el ámbito del trabajo como en el de la especulación teórica, se viera sometida, hasta en el menor detalle, a un rigor perfectamente matemático, sin que ningún ser humano comprendiera nada de lo que hace; la noción de necesidad estaría entonces ausente de la mente de todos de una forma tan radical como entre los pueblos primitivos, cuya lógica dicen ignorar completamente nuestros sociólogos.

Por el contrario, el único modo de producción plenamente libre sería aquel en el que el pensamiento metódico obrase a lo largo de todo el trabajo. Habría que superar dificultades tan variadas que no sería posible aplicar reglas preconcebidas; no porque el papel de los conocimientos adquiridos debiera ser nulo, sino porque el trabajador debe tener siempre en cuenta el diseño rector del trabajo que ejecuta, de modo que lo pueda aplicar inteligentemente a casos particulares siempre nuevos. Esta presencia de ánimo es condición previa para que la fluidez del cuerpo que producen el hábito y la habilidad alcance un grado muy elevado. Además, las nociones utilizadas en el transcurso del trabajo deben ser lo bastante luminosas como para poder evocarlas en bloque en un instante; ello depende de la mayor o menor flexibilidad de la inteligencia, pero mucho más de la vía más o menos directa mediante la cual una noción se forma en la mente, que la memoria pueda conservar la noción misma o solo la fórmula que le sirvió de envoltorio. Por otra parte, es evidente que el grado de complicación de las dificultades que proceda resolver no debe ser demasiado elevado, para que no se desconecte el pensamiento de la acción. Por supuesto, semejante ideal no puede ser plenamente realizable; no se puede evitar, en la vida práctica, llevar a cabo acciones imposibles de comprender en el momento en que se llevan a cabo, sea porque debamos basarnos en reglas preestablecidas, o bien en el instinto, el ensayo y error o la rutina. Al menos podemos ampliar un poco el campo del trabajo lúcido, y podemos hacerlo indefinidamente. Para ello bastaría con que el hombre no aspirase a la ampliación indefinida de sus conocimientos y de su poder, sino más bien a establecer, tanto en el estudio como en el trabajo, un cierto equilibrio entre la mente y el objeto al que la mente se aplica.

Y hay un factor más de servidumbre: la existencia de otros hombres. De hecho, bien mirado, es el único factor de servidumbre: solo el hombre puede someter al hombre. Los primitivos no serían esclavos de la naturaleza si no albergaran en ella seres imaginarios similares al hombre cuyas voluntades, además, son interpretadas por los hombres. En este caso, como en todos los demás, el mundo exterior es fuente de potencia, aunque, si tras las fuerzas infinitas de la naturaleza no hubiera, ya sea por ficción o en realidad, voluntades divinas o humanas, la naturaleza podría quebrar al hombre, pero no humillarlo. La materia puede refutar las previsiones y destruir los esfuerzos, pero no deja por ello de ser inerte, hecha para ser concebida y manejada desde el exterior; en cambio, no se puede penetrar en el pensamiento humano ni se puede manipular desde el exterior. En la medida en que la suerte de un hombre depende de otros hombres, su propia vida escapa no solo de sus manos, sino también de su inteligencia; el sentido común y la resolución carecen de objeto al que aplicarse; en lugar de combinar y actuar, hay que rebajarse a suplicar o amenazar; el alma cae en los abismos sin fondo del deseo y el temor, pues no hay límite para la satisfacción y los sufrimientos que a un hombre le pueden venir de otros hombres. Esta dependencia degradante ya no es solo cosa de los oprimidos, sino, aunque de forma diferente, de los oprimidos y de los poderosos. Como el hombre poderoso solo vive de sus esclavos, la existencia de un mundo inflexible se le escapa casi enteramente; piensa que sus órdenes contienen en su interior una eficacia misteriosa; nunca es capaz de desear propiamente, pero es presa de deseos a los que la imagen clara de la necesidad no puede poner límite. Como la única forma de acción que concibe es mandar, cuando, como es inevitable que suceda, manda en vano, de repente pasa de la sensación de potencia absoluta a la de impotencia radical, como ocurre a veces en sueños; y los temores son tanto más aterradores cuanto siente sobre su cabeza la amenaza constante de sus rivales. En cuanto a los esclavos, luchan constantemente contra la materia, pero su suerte no depende de la materia que manipulan, sino de amos cuyos caprichos no tienen ley ni límites.

Seguiría siendo cosa de poco depender de seres que, aunque extraños, son al menos reales, a los que podemos, si no comprender en su profundidad, por lo menos adivinar por analogía con nosotros mismos. En realidad, en todas las sociedades opresoras cualquier hombre, no importa cuál sea su rango, depende no solo de los que se encuentran por encima o por debajo de él, sino, ante todo, del funcionamiento mismo de la vida colectiva, una fuerza ciega determinada exclusivamente por las jerarquías sociales. Poco importa a este respecto que la potencia deje ver su origen esencialmente colectivo o bien que parezca alojarse en algunos individuos determinados como la virtud dormitiva está alojada en el opio. Si hay en el mundo algo que sea absolutamente abstracto, absolutamente misterioso, inaccesible a los sentidos y al pensamiento, es la colectividad; los individuos que forman parte de ella no pueden, al parecer, alcanzarla o atraparla mediante ningún ardid, incidir sobre ella mediante una palanca; se sienten respecto a ella absolutamente pequeños.

Si los caprichos de un individuo se aparecen a todos los demás como arbitrarios, los azares de la vida colectiva parecen manifestarse multiplicados. Entre el hombre y este universo que le ha asignado la suerte como única materia de su pensamiento y su acción, las relaciones de opresión y de servidumbre sitúan de forma permanente la pantalla impenetrable de la arbitrariedad humana. ¿Qué puede haber de extraño en que, en lugar de ideas, encontremos meras opiniones, en lugar de acciones, una agitación ciega? Solo podríamos imaginar la posibilidad de un progreso en el sentido real de esta palabra, es decir, un progreso en el orden de los valores humanos, si pudiéramos concebir a modo de límite ideal una sociedad que armase al hombre contra el mundo sin aislarle de él.

Como el hombre no está hecho para ser el juguete de una naturaleza ciega, tampoco está hecho para ser el juguete de las comunidades ciegas que forma junto con sus semejantes; para dejar de estar en manos de la sociedad tan pasivamente como una gota de agua en el mar, deberíamos poder conocerla y actuar sobre ella. En todos los ámbitos, las fuerzas colectivas superan infinitamente a las fuerzas individuales. Por ello, no es posible concebir un individuo que disponga de una porción de la vida colectiva, como tampoco lo es concebir una línea que se vaya alargando mediante la adición de puntos sucesivos. Es al menos lo que parece, pero en realidad hay una excepción y una sola: el ámbito del pensamiento. En lo que se refiere al pensamiento, la relación está invertida; el individuo supera a la colectividad de la misma forma que un algo supera a la nada, pues el pensamiento solo se forma en una mente que está sola consigo misma: las colectividades no piensan. Es cierto que el pensamiento no es una fuerza por sí mismo. Arquímedes fue asesinado, dicen, por un soldado borracho, pero si se hubiera puesto a dar vueltas a la noria bajo el látigo de un capataz de esclavos lo habría hecho exactamente de la misma forma que el hombre más duro. En la medida en que el pensamiento planea por encima de las justas sociales, puede juzgar, pero no puede transformar. Todas las fuerzas son materiales; la expresión de fuerza espiritual es básicamente contradictoria; el pensamiento solo puede ser una fuerza en la medida en que es materialmente indispensable. Para decirlo desde otro ángulo, el hombre no tiene nada esencialmente individual, no hay nada que le sea absolutamente propio, salvo la facultad de pensar; y esta sociedad, de la que depende estrechamente en cada instante de su existencia, depende a su vez de él en cierta forma, dado que necesita que piense. Todo lo demás se puede imponer desde el exterior por la fuerza, incluidos los movimientos corporales, pero no hay nada en el mundo que pueda obligar a un hombre a ejercer su potencia de pensamiento, ni tampoco quitarle el control de sus pensamientos. Si necesitamos que un esclavo piense, más vale olvidar el látigo, pues con él tendremos pocas posibilidades de obtener resultados de buena calidad. Si queremos concebir, desde un punto de vista puramente teórico, una sociedad en la que la vida colectiva estuviera sometida a los hombres considerados individuos, en lugar de someterlos, debemos representarnos una forma de vida material en la que solo intervengan esfuerzos exclusivamente dirigidos por el pensamiento claro, lo que implica que cada trabajador tenga que controlar personalmente, sin someterse a ninguna regla exterior, no solo la adaptación de sus esfuerzos a la obra que hay que producir, sino su coordinación con los esfuerzos de todos los demás de la colectividad. La técnica debería permitir de forma perpetua la reflexión metódica; la analogía entre las técnicas de los diferentes trabajos debería ser bastante estrecha y la cultura técnica debería ser lo bastante amplia como para que cada trabajador se haga una idea clara de todas las especialidades; la coordinación debería establecerse de forma bastante sencilla, para que cada cual tenga siempre un conocimiento preciso, en lo que se refiere a la cooperación de los trabajadores y a los intercambios de productos; las colectividades nunca serían lo bastante amplias como para superar el alcance de una mente humana; la comunidad de intereses sería lo bastante evidente como para hacer desaparecer las rivalidades; y, como cada individuo estaría en condiciones de controlar el conjunto de la vida colectiva, esta sería siempre conforme a la voluntad general. Los privilegios basados en el intercambio de productos, los secretos de la producción o la coordinación de los trabajos desaparecerían automáticamente. La función de coordinar ya no implicaría ninguna potencia, puesto que un control continuado ejercido por cada uno haría imposible cualquier decisión arbitraria. En general, la dependencia de los hombres entre sí ya no significaría que su destino quedara librado a la arbitrariedad y dejaría de introducir en la vida humana elementos misteriosos, ya que cada cual estaría en condiciones de controlar la actividad de todos los demás, apelando a su sola razón. Hay una única y misma razón para todos los hombres; solo se vuelven ajenos e impenetrables unos para otros cuando se apartan de ella; así pues, una sociedad en la que cualquier tipo de vida material tendría como condición necesaria y suficiente que cada cual ejerza su razón podría ser totalmente transparente para cada cual. En cuanto al estímulo necesario para superar el cansancio, el dolor y el peligro, se puede encontrar en el deseo de obtener la estima de los compañeros, pero más todavía en el interior de cada individuo; para los trabajos que son creaciones del espíritu, el condicionamiento exterior, que se vuelve inútil y perjudicial, se sustituye por una especie de condicionamiento interior; el espectáculo de la obra inacabada atrae al hombre libre de forma tan poderosa como el látigo empuja al esclavo. Una sociedad de este tipo sería una sociedad de hombres libres, iguales y fraternos. Los hombres estarían atrapados en vínculos colectivos, pero exclusivamente en su calidad de hombres; nunca se tratarían unos a otros como si fueran cosas. Cada cual vería en cada compañero de trabajo un igual en un puesto diferente, como dice la máxima evangélica. Así tendríamos, además de la libertad, un bien más precioso; porque si nada hay más odioso que la humillación y el envilecimiento del hombre por el hombre, no hay nada más bello y dulce que la amistad.

Esta situación, considerada en sí misma, está más alejada todavía de las condiciones reales de la vida humana, si fuera posible, que la ficción de la edad de oro. Sin embargo, a diferencia de esta ficción, puede servir, como ideal, como punto de referencia para analizar y valorar las formas sociales reales. El cuadro de una vida social absolutamente opresiva que somete a todos los individuos al juego de un mecanismo ciego era también puramente teórico; el análisis que situaría una sociedad con respecto a estas dos situaciones estaría más cerca de la realidad, sin dejar de ser muy abstracto. Aparece así un nuevo método de análisis social que no es el de Marx, aunque parta, como quería Marx, de las relaciones de producción; sin embargo, mientras Marx, cuyas ideas son poco precisas en este aspecto, parece haber querido clasificar las formas de producción en función de su rendimiento, aquí se analizarían en función de las relaciones entre el pensamiento y la acción. Está claro que este punto de vista no implica en modo alguno que la humanidad haya evolucionado a lo largo de la historia desde las formas menos conscientes a las formas más conscientes de la producción; la noción de progreso es indispensable para aquellos que pretendan forjar anticipadamente el futuro, pero cuando estudiamos el pasado solo puede ser fuente de confusión. En ese caso, debemos sustituirla por la noción de una escala de valores concebida al margen del tiempo, pero tampoco es posible ordenar las diversas formas sociales en una serie usando una escala de este tipo. Lo que podemos hacer es relacionar con una escala similar tal o cual aspecto de la vida social en un momento dado. Está bastante claro que los trabajos difieren realmente entre ellos por algo que no está relacionado ni con el bienestar, ni con el ocio ni con la seguridad y que, sin embargo, es fundamental para todos los hombres; un pescador que lucha contra las olas y el viento en su barquita, aunque tenga frío, cansancio, aunque le falten distracciones o sueño, aunque esté en peligro y haya vuelto a una especie de vida primitiva, tiene una suerte más envidiable que la del obrero que trabaja en una cadena de montaje, aunque este último esté en mejor situación en todos esos puntos. Es porque su trabajo se parece mucho más al de un hombre libre, aunque la rutina y la improvisación ciega ocupen un lugar a veces importante en su vida. El artesano de la Edad Media también ocupa, desde este punto de vista, un lugar privilegiado, aunque su destreza, que tanta importancia tiene en todos los trabajos manuales, sea en cierta medida algo ciego; en cuanto al obrero plenamente cualificado formado por la técnica de los tiempos modernos, quizá sea lo que más se parece al trabajador perfecto. Encontramos diferencias similares en la acción colectiva. Un equipo de trabajadores de una cadena de montaje supervisados por un capataz es un espectáculo muy triste, con lo hermoso que es ver a un grupo de obreros de la construcción enfrentarse a las dificultades reflexionando cada uno por su lado, señalando diversas líneas de acción y aplicando de forma unánime el método identificado por uno de ellos, que puede o no tener una autoridad oficial sobre el resto. En estos momentos, la imagen de una colectividad libre parece casi pura. En cuanto a la relación entre la naturaleza del trabajo y la condición de trabajador, es evidente también, a nada que observemos la historia o la sociedad actual; incluso los esclavos antiguos recibían mejor trato cuando ocupaban funciones de médico o de pedagogo. Todas estas observaciones no dejan de centrarse en los detalles. Un método que permitiera obtener una perspectiva de conjunto sobre las diversas organizaciones sociales en función de las nociones de servidumbre y libertad sería más valioso.

En primer lugar habría que trazar una especie de mapa de la vida social que mostrase claramente los puntos en los que es indispensable que el pensamiento se ejercite y, posteriormente, si podemos decirlo así, las zonas de influencia del individuo sobre la sociedad. Podemos distinguir tres formas en las que el pensamiento puede intervenir en la vida social: puede desarrollar especulaciones puramente teóricas, cuyos resultados aplicarán posteriormente los técnicos; puede intervenir en la ejecución; puedc intervenir en el mando y la dirección. En todos los casos, solo se trata de un ejercicio parcial, por así decirlo, mutilado del pensamiento, ya que la mente nunca abarca plenamente su objeto. Sin embargo, es suficiente para que los que están obligados a pensar cuando desempeñan su función social conserven mejor que los demás la forma humana. Esto no se aplica únicamente a los oprimidos, sino a todos los grados de la escala social. En una sociedad basada en la opresión, no solo los débiles, sino también los más poderosos, están sometidos a las exigencias ciegas de la vida colectiva y en ambos casos se produce un debilitamiento de la mente y el espíritu, aunque de manera diferente; ahora bien, si comparamos dos capas sociales opresoras, como por ejemplo los ciudadanos de Atenas y la burocracia soviética, encontramos una distancia al menos tan grande como la que se da entre uno de nuestros obreros cualificados y un esclavo griego. En cuanto a las condiciones según las cuales el pensamiento participa más o menos en el ejercicio del poder, sería fácil definirlas en función del grado de complicación y de extensión de cada caso, el carácter general de las dificultades que se deben resolver y el reparto de funciones. De esta forma, los miembros de una sociedad opresora no solo se definen por el lugar más alto o más bajo en el que se encuentran aferrados al mecanismo social, sino también por el carácter más consciente o más pasivo de sus relaciones con él, y esta segunda distinción, más importante que la primera, no tiene una relación directa con ella.

En cuanto a la influencia que los hombres responsables de funciones sociales sometidas a la dirección de su propia inteligencia pueden ejercer sobre la sociedad de la que forman parte, depende, por supuesto, de la naturaleza y de la importancia de estas funciones; sería muy interesante avanzar en el análisis hasta escudriñar este aspecto, pero también es muy difícil. Otro factor muy importante en la relación entre la opresión social y los individuos es el mayor o menor grado de control que pueden ejercer sobre diversas funciones, que consisten básicamente en coordinar, los hombres que no se ocupan de ellas; está claro que cuanto más se escapan al control estas funciones, más aplastante es la vida colectiva para el conjunto de los individuos. Finalmente, hay que tener en cuenta el carácter de los vínculos que mantienen al individuo en dependencia material respecto a la sociedad que le rodea; estos vínculos pueden ser más laxos o más fuertes y se pueden encontrar diferencias considerables en función de que un hombre esté más o menos obligado, en un momento dado de su existencia, a volverse hacia otros para encontrar medios para consumir, producir o protegerse de los peligros. Por ejemplo, un obrero que tenga un jardín lo bastante grande como para abastecerse de verduras es más independiente que sus compañeros que deben procurarse toda la comida en el comercio; un artesano dueño de sus herramientas de trabajo es más independiente que un obrero fabril, cuyas manos resultan inútiles cuando el patrón le priva del uso de su máquina. En cuanto a la defensa contra los peligros, la situación del individuo a este respecto depende de la modalidad de combate que practique la sociedad en la que se encuentra; cuando la lucha es monopolio de los miembros de una determinada clase social, la seguridad de los demás depende de estos privilegiados; allá donde la potencia de los armamentos y el carácter colectivo del combate dan el monopolio militar al poder central, este dispone a su albedrío de la seguridad de los ciudadanos. En resumen, la sociedad menos mala es aquella en la que el común de los hombres se suele encontrar en la obligación de pensar mientras actúa, pues tiene mayores posibilidades de control sobre el conjunto de la vida colectiva y cuenta con más independencia. Por lo demás, las condiciones necesarias para disminuir el peso opresivo del mecanismo social se contrarrestan unas a otras una vez que se superan determinados límites; es decir, no se trata de avanzar todo lo posible en una dirección determinada, sino, lo que es mucho más difícil, de encontrar un cierto equilibrio óptimo.

El concepto puramente negativo de debilitar la opresión social no puede dar por sí mismo un objetivo a las personas de buena voluntad. Es indispensable tener al menos una idea, aunque sea vaga, de la civilización a la que aspiramos como humanidad; y poco importa que esta idea pertenezca más al campo de la ensoñación que al del pensamiento real. Si los análisis anteriores son correctos, la civilización más plenamente humana sería aquella en la que el trabajo manual estuviera en el centro, en la que el trabajo manual fuera el valor supremo. No nos referimos a nada parecido a la religión de la producción que reinaba en Estados Unidos durante épocas de prosperidad, ni la que reina en Rusia desde el plan quinquenal, pues esta religión tiene como objetivo verdadero los productos del trabajo y no el trabajador, las cosas y no el hombre. Y el trabajo manual no debe convertirse en el valor más alto por su relación con los objetos que produce, sino por su relación con el hombre que los produce; no debe ser objeto de honores o recompensas, sino constituir para cada ser humano aquello que necesita de forma esencial para que su vida adquiera en sí misma un sentido y un valor a sus ojos. Incluso en nuestros días, las actividades que se consideran desinteresadas, deportivas, artísticas o intelectuales, no logran dar un equivalente de lo que se siente al enfrentarse directamente al mundo a través de un trabajo no mecánico. Rimbaud se quejaba de que «no estamos en el mundo» y de que «la verdadera vida está ausente»; en estos momentos de júbilo y plenitud incomparables sabemos a modo de destellos que estamos frente a la verdadera vida, experimentamos con todo nuestro ser que el mundo existe y que estamos en el mundo. Ni siquiera el cansancio físico puede disminuir la potencia de este sentimiento: por el contrario, mientras no sea excesivo, más bien la aumenta. Si podemos pertenecer así a nuestra época, qué maravillosa plenitud de vida no podríamos esperar de una civilización en la que el trabajo se hubiera transformado para ejercitar plenamente todas nuestras facultades, para constituir el acto humano por excelencia. Debería encontrarse en el centro mismo de la cultura. Antes la cultura se consideraba un fin en sí misma; en nuestros días, los que la consideran algo más que una mera distracción suelen buscar en ella una forma de evasión de la vida real. Su auténtico valor debe residir, en cambio, en el hecho de que prepara para la vida real, puesto que arma al hombre para que pueda mantener con este universo que comparte y con sus hermanos de condición idéntica a la suya unas relaciones dignas de la grandeza humana. Hoy en día hay quien considera que la ciencia es un mero catálogo de recetas técnicas, o bien un conjunto de puras especulaciones mentales autosuficientes; poco tienen en cuenta los primeros la mente, y los segundos, el mundo. El pensamiento es la suprema dignidad del hombre, pero se ejerce en el vacío, es decir, solo en apariencia, cuando no se aferra a su objeto, que no puede ser sino el universo. Lo que procura a las especulaciones abstractas de los sabios esta relación con el universo, dándoles así un valor concreto, es el hecho de que sean directa o indirectamente aplicables. En nuestros días, bien es cierto que sus propias aplicaciones les son ajenas; los que elaboran o estudian estas especulaciones lo hacen sin pensar en su valor teórico. Al menos esto es lo más frecuente. El día en que sea imposible comprender las nociones científicas, incluso las más abstractas, sin ver al mismo tiempo su relación con aplicaciones posibles, y sea asimismo imposible aplicar, ni siquiera indirectamente, estas nociones sin conocerlas y comprenderlas a fondo, la ciencia pasará a ser algo concreto y el trabajo será consciente. Y solo entonces ambos adquirirán su pleno valor. Hasta ese momento, tanto la ciencia como el trabajo tendrán siempre una vertiente incompleta e inhumana. Los que decían que las aplicaciones son el objetivo de la ciencia querían decir que no vale la pena buscar la verdad y que solo importa el éxito. Podríamos tomar este razonamiento por el otro extremo: podemos concebir una ciencia que se proponga como fin último perfeccionar la técnica no para hacerla más poderosa, sino para hacerla más consciente y metódica. Por lo demás, el rendimiento podría progresar al mismo tiempo que la lucidez; «buscad el reino de los cielos y todo lo demás se os dará por añadidura». Una ciencia así sería un método para controlar la naturaleza o un catálogo de nociones indispensables para alcanzar este control, dispuestas según un orden que las haría transparentes para la mente. Sin duda es así como Descartes concebía la ciencia. En cuanto al arte generado por tal civilización, cristalizaría en obras la expresión de este feliz equilibrio entre la mente y el cuerpo, entre el hombre y el universo, que solo puede existir en acto en las formas más nobles del trabajo físico; por lo demás, incluso en el pasado, las obras de arte más puras siempre han expresado el sentimiento, o quizá, para ser más exactos, el presentimiento, de un equilibrio de este tipo. El deporte tendría como finalidad esencial dar al cuerpo humano esta flexibilidad y, como dice Hegel, esta fluidez que lo hace permeable al pensamiento y le permite entrar directamente en contacto con las cosas. Las relaciones sociales se moldearían directamente sobre la organización del trabajo; los hombres se agruparían en pequeñas comunidades trabajadoras, en las que la cooperación sería la ley suprema, en las que cada cual podría comprender y controlar claramente la relación entre las reglas a las que estaría sometida su vida y el interés general. Por lo demás, cada movimiento de la existencia aportaría a todos la ocasión de comprender y experimentar hasta qué punto los hombres son profundamente uno, ya que todos se enfrentan con un mismo raciocinio a obstáculos similares; y en todas las relaciones humanas, desde las más superficiales hasta las más tiernas, encontraríamos algo de esta fraternidad viril que une a los compañeros de trabajo.

Sin duda es pura utopía. Sin embargo, describir, incluso someramente, un estado de cosas mejor que el que existe es siempre construir una utopía; y nada es más necesario para la vida que estas descripciones, siempre que vengan dictadas por la razón. Todo el pensamiento moderno desde el Renacimiento está impregnado de aspiraciones más o menos vagas hacia esta civilización utópica; incluso hemos podido creer durante un tiempo que estaba llegando una sociedad de este tipo y que entrábamos en una era en la que la geometría griega descendería sobre la tierra. Descartes así lo creyó, y también algunos de sus contemporáneos. Por lo demás, la noción de trabajo considerada como un valor humano es sin duda la única conquista espiritual del pensamiento humano desde el milagro griego; era quizá la única laguna del ideal de vida humana que diseñó Grecia y que nos dejó tras ella como un legado imperecedero. Bacon fue el primero en introducir esta noción. En un relámpago genial, sustituyó la antigua y desesperada maldición del Génesis, que presentaba el mundo como un presidio y el trabajo como la marca de la esclavitud y la abyección de los hombres, por la auténtica constitución de las relaciones del hombre con el mundo: «Solo se gobierna la naturaleza obedeciéndola». Esta fórmula tan sencilla debería ser la Biblia de nuestra época. Es suficiente para definir el trabajo verdadero, el que hace libres a los hombres, en la medida en que es un acto de sumisión consciente a la necesidad. Tras Descartes, los científicos fueron pasando progresivamente a considerar la ciencia pura como un objetivo en sí; sin embargo, el ideal de una vida consagrada a una forma liberada del trabajo físico empezó a imponerse a los escritores, llegando a dominar la obra maestra del poeta considerado como el más aristocrático de todos, a saber, Goethe. Fausto, símbolo del alma humana en su búsqueda incesante del bien, abandona con repugnancia la búsqueda abstracta de la verdad, que se ha convertido para él en un juego vacío y estéril; el amor solo lo conduce a la destrucción del ser amado; la potencia política y militar se muestra como un puro juego de apariencias; el descubrimiento de la belleza le colma, pero solo lo que dura un instante; su situación de patrón le da un poder que cree fundamental, pero que le entrega a la tiranía de las pasiones. Aspira, finalmente, a verse desprovisto de su potencia mágica, que podemos considerar como símbolo de todas las potencias. Exclama: «Si me encontrara ante ti, Naturaleza, solo en mi calidad de hombre, valdría la pena ser una criatura humana». Y acaba alcanzando, en el momento de morir, el presentimiento de la felicidad más plena, al imaginar una vida que transcurriría libremente formando parte de un pueblo libre y plenamente consagrada a un trabajo físico penoso y peligroso, pero realizado en medio de una cooperación fraterna. Sería fácil citar otros nombres ilustres, como Rousseau, Shelley y, sobre todo, Tolstói, que ha desarrollado este tema a lo largo de toda su obra con un acento incomparable. En cuanto al movimiento obrero, todas las veces que ha sabido escapar a la demagogia ha sido asentando las reivindicaciones de los trabajadores sobre la dignidad del trabajo. Proudhon se atrevió a escribir: «El genio del artesano más sencillo tiene tanto poder sobre los materiales que trabaja como la mente de un Newton sobre las esferas inertes cuyas distancias, masas y revoluciones calcula». Marx, en cuya obra encontramos bastantes contradicciones, daba como característica esencial del hombre, por oposición a los animales, el hecho de que produce las condiciones de su propia existencia, lo que hace que indirectamente se produzca a sí mismo. Los sindicalistas revolucionarios, que ponen en el centro de la cuestión social la dignidad del productor considerado como tal, se inscriben en la misma corriente. En general, podemos sentirnos orgullosos de pertenecer a una civilización que trajo con ella el presentimiento de un nuevo ideal.

IV
ESBOZO DE VIDA SOCIAL CONTEMPORÁNEA

Es imposible imaginar nada más contrario a este ideal que la forma que ha adoptado en nuestros días la civilización moderna, al término de una evolución de varios siglos. El individuo nunca ha estado tan completamente entregado a una comunidad ciega, los hombres nunca han sido más incapaces, no solo de someter sus acciones a sus pensamientos, sino incluso de pensar. Los términos de *opresor* y *oprimido*, la noción de clase, están muy cerca de perder todo su significado, hasta tal punto son evidentes la impotencia y la angustia de todos los hombres ante la máquina social, convertida en una trituradora de corazones, una máquina de aplastar las mentes, de fabricar inconsciencia, estupidez, corrupción, falta de carácter y, sobre todo, vértigo. La causa de este doloroso estado de cosas está muy clara. Vivimos en un mundo en el que nada está hecho a la medida del hombre; hay una desproporción monstruosa entre el cuerpo del hombre, la mente del hombre y las cosas que constituyen actualmente los elementos de la vida humana: todo es desequilibrio. No hay categoría, grupo o clase de hombres que escape totalmente a este desequilibrio devorador, con la posible excepción de algunas islas de vida más primitiva. Y los jóvenes que han crecido aquí, que crecen aquí, reflejan en su interior más que otros el caos que los rodea. Este desequilibrio es básicamente cuestión de cantidad. La cantidad se transforma en calidad, como dice Hegel; en particular, una simple diferencia de cantidad basta para pasar del terreno de lo humano al terreno de lo inhumano. En abstracto, las cantidades dan lo mismo, ya que podemos cambiar arbitrariamente de unidad de medida, pero en lo concreto, algunas unidades de medida vienen impuestas y han permanecido invariables hasta ahora, por ejemplo, el cuerpo humano, la vida humana, el año, el día, la rapidez media del pensamiento humano. La vida actual no está organizada a la medida de todas las cosas; se transporta a otro orden de magnitud, como si el hombre se esforzara por elevarla al nivel de las fuerzas de la naturaleza exterior, olvidando tener en cuenta su naturaleza propia. Si añadimos que, según parece, el régimen económico ha agotado su capacidad de construcción y empieza a poder funcionar únicamente socavando sus bases materiales poco a poco, queda patente en toda su simplicidad la esencia verdadera de la miseria sin fondo que constituye el legado de las generaciones presentes. En apariencia, casi todo se hace metódicamente hoy en día, la ciencia es reina, el maquinismo invade poco a poco todo el ámbito del trabajo, las estadísticas adquieren cada vez más importancia y, en la sexta parte del globo, el poder central intenta regular el conjunto de la vida social partiendo de un plano. En realidad, el espíritu metódico desaparece progresivamente, dado que el pensamiento encuentra cada vez menos asidero. Las matemáticas son un problema demasiado amplio y complejo como para poder ser abarcado por la mente; el todo formado por las matemáticas y las ciencias de la naturaleza, todavía más, y más todavía el todo formado por la ciencia y sus aplicaciones. Por otra parte, el pensamiento está demasiado estrechamente vinculado como para que pueda captar realmente nociones parciales. Y así, la colectividad se apodera de todo aquello que el individuo no es capaz de dominar. Así es como la ciencia, desde hace tiempo y cada vez más, se convierte en una obra colectiva. A decir verdad, los resultados nuevos siempre son obra de hombres determinados; sin embargo, salvo raras excepciones, el valor de un resultado cualquiera depende de un conjunto tan complejo de relaciones con los descubrimientos pasados y con las investigaciones posibles que la mente del inventor no lo puede abarcar. Así pues, a medida que la luz se acumula se va asemejando a un enigma, a la manera de un vaso demasiado grueso que deja de ser transparente. Con más razón, la vida práctica adquiere un carácter cada vez más colectivo y el individuo como tal es cada vez más insignificante. Los progresos de la técnica y la producción en serie reducen cada vez más a los obreros a un papel pasivo; alcanzan, en proporción creciente y en una medida cada vez mayor, una forma de trabajo que les permite llevar a cabo los gestos necesarios sin percibir su relación con el resultado final. Por otra parte, una empresa se ha convertido en algo demasiado amplio y demasiado complejo como para que un hombre pueda reconocerse en ella plenamente; en todos los ámbitos, todos los hombres que se encuentran en puestos importantes de la vida social se encuentran a cargo de asuntos que superan considerablemente el alcance de la mente humana. En cuanto al conjunto de la vida social, depende de gran número de factores, cada uno de los cuales es impenetrablemente oscuro y está entrelazado en relaciones inextricables cuyo mecanismo nadie parece capaz de concebir. De esta forma, la función social más esencialmente vinculada al individuo, la que consiste en coordinar, en dirigir, en decidir, supera las capacidades individuales y en cierta medida pasa a ser colectiva y casi anónima.

En la medida misma en que los aspectos sistemáticos de la vida contemporánea están fuera del alcance del pensamiento, la regularidad se establece mediante cosas que constituyen el equivalente de lo que sería el pensamiento colectivo, si lo colectivo tuviera pensamiento. La cohesión de la ciencia está garantizada por signos; es decir, por una parte, palabras o expresiones hechas que se utilizan más allá del alcance de los conceptos que contenían originalmente, y, por otra, cálculos algebraicos. En el ámbito laboral, las máquinas se hacen cargo de las funciones esenciales. Lo que vincula la producción y el consumo y regula el intercambio de productos es el dinero. Por último, cuando la función de coordinar y dirigir es demasiado pesada para la inteligencia y el pensamiento de un solo hombre, se confía a una extraña máquina, cuyas piezas son hombres, cuyos engranajes están formados por reglamentos, informes y estadísticas y que recibe el nombre de organización burocrática. Todas estas cosas ciegas imitan de forma prodigiosa el esfuerzo del pensamiento. El mero cálculo algebraico ha logrado más de una vez lo que podría llamarse una noción nueva, salvo que estas nociones de imitación no tienen más contenido que las relaciones de signos. Y esta misma aritmética es a menudo maravillosamente capaz de transformar en leyes series de resultados experimentales, con una facilidad desconcertante que hace pensar en las transformaciones fantásticas que vemos en las películas de dibujos. Las máquinas automáticas parecen presentar el modelo del trabajador inteligente, leal, dócil y concienzudo. En cuanto a la moneda, los economistas llevan tiempo convencidos de que tiene la virtud de establecer relaciones armoniosas entre las diversas funciones económicas. Y los mecanismos burocráticos casi consiguen sustituir a los jefes. En todos los ámbitos, el pensamiento, que es una prerrogativa del individuo, está subordinado a vastos mecanismos que cristalizan la vida colectiva, hasta el punto de que casi hemos perdido el sentido de lo que es el verdadero pensamiento. Los esfuerzos, afanes y ardides de los seres de carne y hueso que el tiempo aporta a la vida social en oleadas sucesivas solo tienen valor y eficacia si consiguen a su vez cristalizarse en grandes mecanismos. La inversión de la relación entre los medios y los fines, inversión que en cierta medida es la ley de toda sociedad opresora, pasa a ser total o casi y se extiende a casi todo. El científico no recurre a la ciencia para ver más claro en su propio pensamiento, sino que aspira a encontrar resultados que puedan sumarse a la ciencia existente. Las máquinas no funcionan para que los hombres puedan vivir, sino que nos resignamos a dar de comer a los hombres para que puedan estar al servicio de las máquinas. El dinero no proporciona un medio cómodo de intercambiar productos, sino que la circulación de las mercancías es un medio para hacer circular el dinero. Finalmente, la organización no es un medio para ejercer una actividad colectiva, sino que la actividad de un grupo, sea el que fuera, es un medio para reforzar la organización. Otro aspecto de la misma inversión en los términos consiste en el hecho de que los signos, palabras y fórmulas algebraicas en el ámbito del conocimiento, la moneda y los símbolos de crédito en la vida económica hacen las veces de realidades, respecto a las cuales las cosas reales no son sino sombras, exactamente como el cuento de Andersen en el que el sabio y su sombra invierten sus papeles; es porque los signos son la materia de las relaciones sociales, en lugar de que la percepción de la realidad sea cosa individual. La desposesión del individuo en beneficio de la colectividad no es total, no puede serlo, pero difícilmente podríamos imaginar que llegue más lejos de lo que ha llegado hoy. La potencia y la concentración de armamento ponen a todas las vidas humanas a merced del poder central. A causa de la formidable envergadura del comercio, la mayor parte de los hombres solo pueden acceder a la mayor parte de las cosas que consumen a través de la sociedad y a cambio de dinero; los propios campesinos están sometidos en gran medida a esta necesidad de comprar. Y, como la gran industria es un régimen de producción colectiva, muchos hombres están obligados, para que sus manos puedan alcanzar la materia del trabajo, a pasar por una colectividad que los incorpore y les asigne una tarea más o menos servil; cuando la colectividad los rechaza, la fuerza y la habilidad de sus manos pasan a ser vanas. Los propios campesinos, que escapaban hasta ahora a esta condición miserable, se han visto reducidos a ella en la sexta parte del globo. Un estado de cosas tan asfixiante suscita una reacción individualista; es algo patente en el arte, y en particular en la literatura. Como, en virtud de las condiciones objetivas, esta reacción no puede alcanzar el ámbito del pensamiento ni el de la acción, se queda encerrada en los juegos de la vida interior o en los de la aventura y los actos gratuitos, es decir, no sale del reino de las sombras. Y todo hace pensar que incluso esta sombra de reacción está condenada a desaparecer casi completamente. Cuando el hombre está sojuzgado hasta tal punto, los juicios de valor solo se pueden basar, en cualquier ámbito, en un criterio puramente exterior; en el lenguaje no hay un término lo bastante ajeno al pensamiento como para expresar de forma conveniente algo tan desprovisto de sentido; podemos decir, sin embargo, que este criterio se define por la eficacia, siempre que entendamos por eficacia éxitos logrados en el vacío. Incluso una noción científica no se valora por su contenido, que puede ser totalmente ininteligible, sino por la facilidad con la que permita coordinar, abreviar, resumir. En el ámbito económico, una empresa no se valora en función de la utilidad de las funciones sociales que cumple, sino en función de la extensión que abarca y la rapidez con la que se desarrolla, y así con todo. Así pues, el juicio de valor queda en manos de las cosas y no en manos del pensamiento. La eficacia de los esfuerzos de todo tipo debe estar controlada por el pensamiento pues, en general, todo control procede de la mente. Sin embargo, el pensamiento se ve reducido a un papel tan subalterno que podríamos decir, para simplificar, que la función de control pasa del pensamiento a las cosas. Esta complicación desorbitada de todas las actividades teóricas y prácticas que ha desalentado el pensamiento logra, a medida que se agrava, convertir el control ejercido por las cosas en algo defectuoso y casi imposible. Todo queda a oscuras. Así es como, en el ámbito de la ciencia, la acumulación desmesurada de materiales de todo tipo desemboca en un caos tal que parece acercarse el momento en que todo el sistema podría aparecer como arbitrario. El caos de la vida económica es todavía más evidente. En la ejecución misma del trabajo, la subordinación de esclavos irresponsables a jefes desbordados por la cantidad de cosas que hay que vigilar, y además irresponsables también en cierta medida, es causa de innumerables errores y negligencias; este mal, en un principio limitado a las grandes empresas industriales, se ha extendido a los lugares en los que los campesinos están sometidos a la manera de los obreros, es decir, en la Rusia soviética. La extensión formidable del crédito impide que la moneda desempeñe su papel regulador en lo que se refiere a los intercambios y relaciones entre diferentes ramas de la producción; en vano intentaríamos resolverlo a golpe de estadísticas. El desarrollo paralelo de la especulación hace que la prosperidad de las empresas sea en gran medida independiente de su buen funcionamiento, dado que los recursos aportados por la producción de cada una de ellas tienen cada vez menos importancia comparados con la perpetua aportación de nuevo capital. Es decir, en todos los ámbitos, el éxito se ha convertido en algo casi arbitrario; aparece cada vez más como obra del puro azar; y como era la regla única en todas las ramas de la actividad humana, nuestra civilización está invadida por un desorden siempre creciente, y destruida por un despilfarro proporcional al desorden. Esta transformación tiene lugar en el momento mismo en que las fuentes de beneficio que trajeron en otros tiempos el prodigioso desarrollo de la economía capitalista se hacen cada vez menos abundantes, en el momento en que las condiciones técnicas del trabajo imponen por ellas mismas al progreso del equipamiento industrial un ritmo rápidamente decreciente.

Tantos cambios profundos han tenido lugar a nuestras espaldas y, sin embargo, vivimos un periodo en el que el eje mismo del sistema social está, por así decirlo, dando un vuelco. A lo largo del desarrollo del régimen industrial la vida social se vio orientada en el sentido de la construcción. El equipamiento industrial del planeta era, por excelencia, el terreno sobre el que se libraba la lucha por el poder. Hacer crecer una empresa más deprisa que sus rivales, siempre gracias a sus recursos propios, era en general el objetivo de la actividad económica. El ahorro era la regla de la vida económica: se limitaba al máximo el consumo, no solo de los obreros, sino también de los capitalistas y, en general, de todos los gastos que pudieran tender a algo que no fuera el equipamiento industrial. Los Gobiernos tenían ante todo la misión de preservar la paz civil e internacional. Los burgueses tenían la sensación de que siempre sería así, para mayor felicidad de la humanidad, pero no podía ser así de forma indefinida. En nuestros días, la lucha por el poder, aunque en cierta medida conserva en apariencia las mismas formas, ha cambiado completamente de naturaleza. El aumento formidable del peso del capital material en las empresas, si lo comparamos con el del trabajo vivo, la disminución rápida del coeficiente de beneficio resultante, la masa perpetuamente creciente de gastos generales, el despilfarro, las fugas, la falta de elementos reguladores que permitieran ajustar las diversas ramas de producción, todo impide que la actividad social pueda tener como eje el desarrollo de la empresa para la transformación del beneficio en capital. Pareciera que la lucha económica ha dejado de ser una rivalidad para convertirse en una forma de guerra. Se trata no tanto de organizar adecuadamente el trabajo, como de arrancar la mayor parte posible del capital disponible disperso en la sociedad mediante la venta de acciones, para después arrancar la mayor cantidad posible del dinero disperso por todas partes mediante la venta de productos; todo se desarrolla en el ámbito de la opinión y casi de la ficción, a golpe de especulación y de publicidad. Dado que el crédito es la llave de todo éxito económico, el ahorro se ve sustituido por el gasto más alocado. El término de *propiedad* está ahora vacío de sentido; ya no se trata de que el ambicioso haga prosperar un negocio de su propiedad, sino de asumir el control del sector más amplio posible de la actividad económica. En pocas palabras, para caracterizar de una forma imprecisa y somera esta transformación de una oscuridad casi impenetrable, ahora la lucha por la potencia económica consiste no tanto en construir como en conquistar y, puesto que la conquista es destrucción, el sistema capitalista, aunque siga siendo en apariencia más o menos el mismo que hace cincuenta años, se orienta totalmente hacia la destrucción. Los medios de la lucha económica, publicidad, lujo, corrupción, inversiones formidables, descansan casi totalmente sobre el crédito, la comercialización de productos inútiles mediante procedimientos casi violentos, especulaciones destinadas a arruinar a las empresas rivales, tienden todos ellos a socavar las bases de nuestra vida económica, más que a ampliarlas. Todo esto es poca cosa frente a los dos fenómenos conectados que empiezan a aparecer claramente y a hacer pender sobre la vida de cada uno de nosotros una amenaza trágica; a saber, por una parte, el hecho de que el Estado tiende cada vez más, y con rapidez extraordinaria, a convertirse en el centro de la vida económica y social y, por otra parte, la subordinación de lo económico a lo militar. Si tratamos de analizar estos fenómenos de forma detallada, nos encontraremos con una maraña casi inextricable de causas y efectos recíprocos; sin embargo, la tendencia general está bastante clara. Es bastante natural que el carácter cada vez más burocrático de la actividad económica favorezca el progreso de la potencia del Estado, que es la organización burocrática por excelencia. La transformación profunda de la lucha económica incide en el mismo sentido; el Estado es incapaz de construir, pero dado que concentra en sus manos los medios coercitivos más importantes, se ve impelido en cierta forma por su peso mismo a convertirse poco a poco en el elemento central, en lo que se refiere a conquistar y destruir. Finalmente, dado que por la extraordinaria complicación de las operaciones comerciales y de crédito la moneda es insuficiente para coordinar la vida económica, debemos recurrir en su lugar a un simulacro de coordinación burocrática; y la organización burocrática central, que es el aparato del Estado, debe naturalmente verse obligada antes o después a hacerse con el control en esta coordinación. El eje en torno al cual gira la vida social así transformada no es sino la preparación para la guerra. Desde el momento en que la lucha por la potencia se libra mediante la conquista y la destrucción, es decir, mediante una guerra económica difusa, no es de extrañar que la propia guerra pase a primer plano. Y, como la guerra es la forma propia de la lucha por la potencia cuando los competidores son los Estados, todo avance en el control del Estado sobre la vida económica tiene como efecto orientar la vida industrial en una medida algo mayor hacia la preparación para la guerra; mientras que a la inversa, las exigencias continuamente crecientes de la preparación para la guerra contribuyen a someter cada día más el conjunto de las actividades económicas y sociales de cada país a la autoridad del poder central. Está bastante claro que la humanidad contemporánea tiende más o menos en todas partes hacia una forma totalitaria de organización social, por utilizar el término que han puesto de moda los nacionalsocialistas, es decir, un régimen en el que el Estado tendría un poder soberano en todos los ámbitos, incluso, y sobre todo, en el del pensamiento. Rusia, para desgracia del pueblo ruso, ofrece un ejemplo casi perfecto de régimen de este tipo; el resto de los países solo podrán acercarse a esa situación, a menos que se produzca un cambio similar al de octubre de 1917, pero parece inevitable que todos se vayan acercando a ello cada vez más en los próximos años. Esta evolución dará al desorden una forma burocrática y acrecentará todavía más la incoherencia, el desperdicio, la miseria. Las guerras traerán un consumo insensato de materias primas y herramientas, una loca destrucción de los bienes de todo tipo que nos legaron las generaciones anteriores. Cuando el caos y la destrucción hayan alcanzado el límite a partir del cual el funcionamiento mismo de la organización económica y social haya pasado a ser materialmente imposible, nuestra civilización perecerá; y la humanidad, tras retornar a un nivel de vida más o menos primitivo y a una vida social dispersa en grupos mucho más pequeños, emprenderá un nuevo camino que nos resulta absolutamente imposible prever.

Pensar que podemos dirigir la historia en una dirección diferente transformando el régimen a golpe de reformas o revoluciones, poner la salvación en una acción defensiva u ofensiva contra la tiranía o el militarismo, es soñar despiertos. No hay nada en lo que basar ni siquiera una simple tentativa; la fórmula de Marx según la cual del régimen nacerán sus propios sepultureros recibe cada día crueles desmentidos. Y nos preguntamos cómo es posible que Marx haya podido siquiera pensar que de la esclavitud puedan nacer hombres libres. Nunca, en toda la historia, un régimen de esclavitud ha caído por obra de los esclavos. La verdad es que, según una fórmula célebre, la esclavitud envilece al hombre hasta hacerse amar por él; que la libertad solo tiene valor a los ojos de los que la poseen efectivamente, y que un régimen totalmente inhumano como el nuestro, en lugar de forjar seres capaces de construir una sociedad humana, modela a su imagen a todos los que están sometidos a él, tanto a los oprimidos como a los opresores. Por todas partes, en diferentes grados, la imposibilidad de establecer una relación entre lo que se da y lo que se recibe ha acabado con el sentido del trabajo bien hecho, con la responsabilidad; ha suscitado la pasividad, el abandono, el hábito de esperar que todo venga de fuera, la fe en los milagros. Incluso en el campo, el sentimiento de profunda conexión entre la tierra que alimenta al hombre y el hombre que trabaja la tierra ha desaparecido en gran medida desde que la especulación y las imprevisibles variaciones de las divisas y los precios han acostumbrado a los agricultores a volver los ojos hacia la ciudad. El obrero no tiene conciencia de ganarse la vida como productor, la empresa simplemente lo esclaviza durante largas horas cada día y le da una cantidad de dinero cada semana, dotada de un poder mágico para hacer aparecer productos listos en un instante, exactamente como hacen los ricos. La presencia de innumerables parados, la necesidad cruel de mendigar un puesto de trabajo hacen aparecer el salario menos como un salario y más como una limosna. En cuanto a los propios parados, por mucho que sean parásitos involuntarios y además miserables, no dejan de ser parásitos. En general, la relación entre el trabajo realizado y el dinero recibido es tan difícil de captar que aparece como prácticamente contingente, de modo que el trabajo se convierte en esclavitud y el salario, en favor. Lo que se conoce como círculos dirigentes están afectados por la misma pasividad que todos los demás porque, abrumados como están por un mar de problemas inextricables, hace mucho que renunciaron al liderazgo. Podemos buscar en vano, desde lo más alto a lo más bajo de la escala social, hombres en los que pueda germinar algún día la idea de que podrían, llegado el caso, verse en la necesidad de tomar las riendas de la sociedad; las proclamas de los fascistas podrían ser engañosas a este respecto, pero están vacías. Como suele suceder, la confusión mental y la pasividad dejan libre curso a la imaginación. Hay una obsesión generalizada por una representación de la vida social que, aunque puede diferir considerablemente de un entorno a otro, siempre está cargada de misterios, cualidades ocultas, mitos, ídolos, monstruos; todo el mundo cree que la potencia reside misteriosamente en uno de los entornos a los que no tiene acceso, porque casi nadie entiende que no reside en ninguna parte, de modo que el sentimiento dominante es el miedo vertiginoso que siempre produce la pérdida de contacto con la realidad. Cada entorno parece, visto desde el exterior, una pesadilla. En los círculos relacionados con el movimiento obrero, los sueños están sembrados de monstruos mitológicos llamados Finanzas, Industria, Bolsa, Banca y otros; los burgueses sueñan con otros monstruos que llaman rebeldes, agitadores, demagogos; los políticos consideran que los capitalistas son seres sobrenaturales que tienen la clave de la situación, y a la inversa; cada pueblo contempla a los pueblos vecinos como monstruos colectivos movidos por una perversidad diabólica. Podríamos desarrollar este tema hasta el infinito. En semejante situación, cualquier tarugo puede ser considerado un rey y actuar como tal, en cierta forma, solo gracias a esta creencia; esto no solo vale para los hombres, sino también para los círculos dirigentes. Tampoco hay nada más fácil que difundir un mito cualquiera entre toda la población. No es de extrañar que aparezcan regímenes «totalitarios» sin precedentes en la historia. Se suele decir que la fuerza no es capaz de domeñar el pensamiento, pero para que así sea, tiene que haber un pensamiento. Cuando las opiniones irracionales ocupan el lugar de las ideas, la fuerza lo puede todo. Es muy injusto decir, por ejemplo, que el fascismo aniquila el pensamiento libre; en realidad, la falta de pensamiento libre hace posible imponer por la fuerza doctrinas oficiales totalmente desprovistas de significado. A decir verdad, un régimen de este tipo sigue logrando aumentar de forma considerable el nivel general de estupidez y hay poca esperanza para las generaciones que hayan crecido en este entorno. En nuestros días, toda tentativa de embrutecer a los seres humanos encontrará a su disposición medios poderosos. En cambio, una cosa es imposible, incluso contando con el mejor de los foros: difundir ideas claras, razonamientos correctos, perspectivas razonables.

No se puede esperar ayuda de los hombres; incluso en otras circunstancias, los hombres estarían vencidos anticipadamente por la potencia de las cosas. La sociedad actual no ofrece más medios de acción que las máquinas de aplastar a la humanidad; no importa cuáles sean las intenciones de quienes las manejan, estas máquinas aplastan y aplastarán mientras existan. Las grandes fábricas son presidios industriales, allí solo se fabrican esclavos y no trabajadores libres, y menos todavía trabajadores que puedan ser algún día una clase dominante. Con los cañones, los aviones, las bombas se puede sembrar la muerte, el terror, la opresión, pero no la vida y la libertad. Con las máscaras antigás, los refugios y las alertas se pueden forjar miserables rebaños de seres aterrorizados, dispuestos a rendirse a los terrores más insensatos y a recibir agradecidos las tiranías más humillantes, pero no se pueden forjar ciudadanos. Con la prensa y la radio se puede hacer tragar cualquier cosa a un pueblo, junto con el desayuno o la cena, opiniones prefabricadas y, por lo tanto, absurdas, pues incluso las opiniones razonables se distorsionan y se convierten en falsas en la mente de los que las reciben sin reflexión, pero con estas cosas ni siquiera es posible despertar un destello de pensamiento. Y sin fábricas, sin armas, sin prensa no es posible hacer nada contra los que las tienen. Y así con todo. Los medios poderosos oprimen, pero los débiles son inoperantes. Cada vez que los oprimidos han querido constituirse en grupos capaces de ejercer una influencia real, estos grupos, llámense partidos o sindicatos, han acabado reproduciendo en su seno todas las taras del régimen que pretendían reformar o derrocar, es decir, la organización burocrática, la inversión de la relación entre los medios y los fines, el desprecio del individuo, la separación entre el pensamiento y la acción, el carácter maquinal del pensamiento mismo, la utilización del embrutecimiento y de la mentira como medios de propaganda. La única posibilidad de salvación sería una cooperación metódica de todos, poderosos y débiles, para avanzar hacia una descentralización progresiva de la vida social; sin embargo, el carácter absurdo de semejante idea salta inmediatamente a la vista. Esta cooperación es inimaginable, incluso en sueños, en una civilización que descansa en la rivalidad, la lucha, la guerra. Al margen de esta cooperación, es imposible detener el tropismo ciego de la máquina social hacia una centralización creciente, hasta que la misma máquina se gripa bruscamente y explota de repente. ¿Qué peso pueden tener los deseos y los anhelos de quienes no están en posición de control, cuando, reducidos a la más trágica impotencia, son meros juguetes de fuerzas ciegas y brutales? En cuanto a los que cuentan con un poder económico o político, constantemente acosados por ambiciones rivales y potencias hostiles, no pueden trabajar en debilitar su propio poder sin condenarse con seguridad a verse desposeídos de él. Cuanto mejores sean sus intenciones, más se verán impelidos, incluso a su pesar, a ampliar su poder para extender su capacidad para hacer el bien, lo que viene a ser oprimir con la esperanza de liberar, es decir, lo que hizo Lenin. Evidentemente es imposible que la descentralización parta del Gobierno central, pues en la medida en que se ejerce el poder central todo lo demás está subordinado a él. En general, la idea de un despotismo ilustrado, que siempre ha tenido un carácter utópico, resulta hoy completamente absurda. Ante problemas cuya variedad y complejidad van mucho más allá de las mentes grandes y pequeñas, ningún déspota del mundo puede ser ilustrado. Si algunos hombres pueden esperar, a fuerza de reflexiones honradas y metódicas, vislumbrar una luz en esta oscuridad impenetrable, no es ciertamente el caso para aquellos que se ven privados por sus preocupaciones y responsabilidades de ocio y de libertad de espíritu. En semejante situación, ¿qué pueden hacer los que se siguen obstinando, contra viento y marea, por respetar la dignidad humana en ellos mismos y en los demás? Nada, salvo esforzarse por dar algo de juego a los engranajes de la máquina que nos aplasta, aprovechar cualquier oportunidad para despertar un poco de reflexión allí donde se pueda, fomentar todo lo posible el ámbito de la política, la economía o la tecnología, permitir al individuo una cierta libertad de movimiento aquí y allá, dentro de los vínculos de la organización social. Es algo, pero no puede llegar demasiado lejos. En su conjunto, la situación en la que nos encontramos es bastante parecida a la de unos viajeros completamente ignorantes en un coche a toda velocidad y sin conductor a través de un país accidentado. ¿Cuándo llegará la ruptura tras la que podamos construir algo nuevo? Quizá sea cosa de diez años o de varios siglos. Nada nos permite determinar cuál es el plazo probable. No obstante, parece que los recursos materiales de nuestra civilización no corren el riesgo de agotarse antes de un tiempo lo bastante largo, incluso teniendo en cuenta las guerras y, por otra parte, como la centralización, al acabar con toda iniciativa individual y toda vida local, destruye por su existencia misma todo lo que podría servir de base para una organización diferente, podemos suponer que el sistema actual subsistirá hasta el límite extremo de sus posibilidades. A fin de cuentas, parece razonable pensar que las generaciones que se encuentren ante las dificultades suscitadas por el desmoronamiento del régimen actual no han nacido todavía. En cuanto a las generaciones actuales, quizá sean, de todas las que se han ido sucediendo a lo largo de la historia humana, las que hayan tenido que soportar más responsabilidades imaginarias y menos responsabilidades reales. Una vez hemos comprendido esta situación, nos queda una libertad de espíritu maravillosa.

CONCLUSIÓN

¿Qué desaparecerá y qué quedará de la civilización actual? ¿En qué condiciones y en qué dirección se desarrollará posteriormente la historia? Estas cuestiones son insolubles. Lo que sí sabemos es que la vida será menos inhumana si la capacidad individual de pensar y de actuar es mayor. La civilización actual, de la que nuestros descendientes heredarán sin duda al menos algunos fragmentos, tiene, y bien lo sabemos, capacidad para aplastar al hombre, pero también contiene la semilla de lo que lo puede liberar. En nuestra ciencia, a pesar de toda la oscuridad que conlleva una nueva escolástica, hay relámpagos maravillosos, partes límpidas y luminosas, planteamientos de la mente totalmente metódicos.

En nuestra técnica también están las semillas de la liberación del trabajo. No, sin duda, como se suele creer, gracias a las máquinas automáticas, que parecen capaces, desde el punto de vista puramente técnico, de descargar al hombre de lo que el trabajo puede tener de maquinal y de inconsciente, pero que están indisolublemente ligadas a una organización de la economía centralizada hasta el exceso y, por lo tanto, muy opresora. Otras formas de máquina herramienta han producido, sobre todo antes de la guerra, el más hermoso tipo de trabajador consciente que haya aparecido en la historia, a saber, el obrero cualificado. Si en el transcurso de los últimos veinte años la máquina herramienta ha adoptado formas cada vez más automáticas, si el trabajo realizado, incluso en máquinas de modelo relativamente antiguo, es cada vez más maquinal, la causa es la concentración creciente de la economía. ¿Quién sabe si una industria dispersa en innumerables pequeñas empresas no va a suscitar una evolución inversa de la máquina herramienta y, paralelamente, formas de trabajo que requieran todavía más conciencia e ingenio que el trabajo más cualificado de las fábricas modernas? Y es más posible ahora que la electricidad ofrece la forma de energía más adecuada para este tipo de organización industrial.

Dado que nuestra impotencia casi completa ante los males presentes nos dispensa, una vez que la hemos comprendido bien, de preocuparnos por la actualidad al margen de los momentos en los que nos afecta directamente, ¿qué tarea más noble podríamos asumir que la de preparar metódicamente un futuro semejante trabajando en el inventario de la civilización presente? Es, a decir verdad, una tarea que supera con mucho las posibilidades tan limitadas de una vida humana; por otra parte, orientarse hacia este camino es condenarse con seguridad a la soledad moral, a la incomprensión, a la hostilidad, todas ellas enemigas del orden existente y de sus servidores; en cuanto a las generaciones futuras, nada permite suponer que el azar les haga llegar, si se da el caso, a través de las catástrofes que nos separan de ellas, los fragmentos de ideas que podrían elaborar en nuestros días algunos espíritus solitarios. Sería de locos quejarse de esta situación. Ningún pacto con la naturaleza nos ha prometido eficacia para nuestros esfuerzos, ni siquiera los más generosos. Y cuando hemos resuelto no confiar, en nosotros mismos y en lo que nos rodea, más que en voluntades que tienen su origen y su principio en el pensamiento mismo de la persona que las lleva a cabo, sería ridículo esperar que una operación mágica lograra grandes resultados con las ínfimas fuerzas de las que disponen los individuos aislados. Un alma firme nunca se puede desviar de su camino por razones como estas, cuando ve claramente lo que hay que hacer. Lo único que se puede hacer.

Se trata, pues, de separar, en la civilización actual, lo que pertenece legítimamente al hombre, como individuo, y lo que puede proporcionar armas contra él a la colectividad, buscando al mismo tiempo la forma de desarrollar lo primero en detrimento de lo segundo. En lo que se refiere a la ciencia, no hay que tratar de incrementar la masa demasiado grande que constituye, hay que hacer un balance para permitir que la mente saque a la luz lo que le pertenece por derecho propio, lo que está constituido por nociones claras, y dejar aparte lo que solo es un procedimiento automático para coordinar, unificar, resumir o incluso descubrir; siempre que sea posible, los resultados deben concebirse y presentarse como un simple momento en la actividad metódica del pensamiento. Para ello, sin duda es indispensable un estudio serio de la historia de las ciencias. En cuanto a la técnica, habría que estudiarla de forma profunda, en su historia, en su estado actual, en sus posibilidades de desarrollo, y esto desde un punto de vista totalmente nuevo, que ya no sería el del rendimiento, sino el de la relación del trabajador con su trabajo. Finalmente, habría que sacar a la luz la analogía de los procesos que lleva a cabo el pensamiento humano, por una parte, en la vida cotidiana y en particular en el trabajo, por otra parte, en la elaboración metódica de la ciencia.

Incluso cuando una serie de reflexiones así orientadas deba quedar sin influencia sobre la evolución posterior de la organización social, no perdería por ello su valor. El destino futuro de la humanidad no es el único objeto que merece consideración. Solo los fanáticos pueden dar valor a su propia existencia cuando sirve a una causa colectiva; para reaccionar contra la subordinación del individuo a la colectividad hay que empezar negándose a subordinar el propio destino al curso de la historia. Para comprometerse con semejante esfuerzo de análisis crítico, basta comprender que permitiría a los que lo emprendan escapar al contagio de la locura y del vértigo colectivo, renovando, para sí y por encima del ídolo social, el pacto original del espíritu con el universo.

SIMONE WEIL, 1934

LA *ILÍADA* O EL POEMA DE LA FUERZA
(1939)

Publicado en *Les Cahiers du Sud* [Marsella] de diciembre de 1940 a enero de 1941 con el nombre de Émile Novis

Se ofrece una nueva traducción [al francés] de los pasajes citados. Cada línea traduce un verso griego, los encabalgamientos se reproducen escrupulosamente, se ha respetado el orden de las palabras griegas en cada verso, en la medida de lo posible. (Nota de S. Weil).*

* Los pasajes de la *Ilíada* están traducidos a partir de la traducción al francés de S. Weil. Nos ha parecido la opción más adecuada, ya que es una traducción muy personal, tanto en el contenido como en la forma, como ella misma indica. No obstante, hemos consultado algunas de las traducciones al español de la obra, en particular la de L. Segalá (Austral) y la de E. Crespo (Gredos), para tener la seguridad de que el texto no se aparte demasiado del original griego.

Hemos tratado de pegarnos a la traducción de Weil, pues sobre ella se basan muy literalmente los análisis que la acompañan. No ha sido difícil, pues es una traducción sencilla y límpida. Simplemente hemos adaptado la puntuación a los usos españoles, respetando el contenido de cada verso en la medida de lo posible y también los encabalgamientos. *(N. de la T.).*

El verdadero héroe, el tema central de la *Ilíada* es la fuerza. La fuerza que manejan los hombres, la fuerza que somete a los hombres, la fuerza ante la que se contrae la carne de los hombres. El alma humana aparece siempre modificada por sus relaciones con la fuerza, arrastrada, cegada por la fuerza que cree tener, doblegada bajo la coacción de la fuerza que sufre. Los que soñaron que la fuerza, gracias al progreso, era cosa del pasado han podido ver en este poema un documento; los que saben identificar la fuerza, hoy como entonces, en el centro de toda la historia humana ven en él el más bello y el más puro de los espejos.

La fuerza es lo que cosifica a cualquiera que esté sometido a ella. Cuando se ejerce hasta el final, convierte al hombre en una cosa en el sentido más literal, pues lo convierte en un cadáver. Había alguien y un instante después ya no hay nadie. Es una imagen que la *Ilíada* nos presenta una y otra vez:

... los caballos
hacían resonar los carros vacíos por los caminos de la
[guerra,
pues añoraban sus aurigas intachables que en tierra
yacían, codiciados por los buitres, más que por sus esposas.

El héroe es una cosa que se arrastra por el polvo atada a un carro:

... A su alrededor su negra cabellera
se esparcía y la cabeza en el polvo
yacía antes encantadora; Zeus a sus enemigos
había concedido que lo ultrajaran en su propia patria.

Saboreamos la amargura de esta imagen en estado puro, sin que ninguna ficción reconfortante la venga a adulterar, sin inmortalidad consoladora, sin anodina aureola de gloria o de patria.

Su alma se escapó de entre sus miembros, volando hacia
[el Hades,
llorando su destino, abandonando la virilidad y la juventud.

Más conmovedora todavía, por lo doloroso del contraste, es la evocación repentina, que se desvanece en un instante, de otro mundo, el lejano, precario y tierno mundo de la paz, de la familia, el mundo en el que cada hombre es lo más importante para las personas que lo rodean.

Gritaba a sus criadas de hermosas cabelleras por toda la casa
para que pusieran una gran trébede al fuego

para que Héctor tuviera un baño caliente al volver del
[combate.
¡Qué ingenua! No sabía que muy lejos del baño caliente
el brazo de Aquiles lo había sometido, impulsado por Atenea,
[la de los ojos verdes.

Sí que estaba lejos del baño caliente, el desgraciado. Y no era el único. Casi toda la *Ilíada* transcurre lejos de los baños calientes. Casi toda la vida humana transcurre siempre lejos de los baños calientes.

La fuerza que mata es una forma somera y burda de la fuerza. En cambio, la otra fuerza, la que no mata —la que no mata todavía—, es mucho más variada en sus procedimientos, más sorprendente en sus efectos. Acabará matando, o matará quizá, o bien solo está suspendida sobre un ser al que puede matar en cualquier momento, pero de todas formas transformará al hombre en piedra. Del poder de transformar a un hombre en cosa dándole la muerte procede un poder diferente, igualmente prodigioso, el de convertir a un hombre en cosa, aunque siga vivo. Está vivo, tiene un alma, pero sin embargo es una cosa. Un ser bien extraño es esa cosa con alma. Y bien extraño es ese estado para el alma de un ser. ¿Quién puede decir cuánto tiene que retorcerse y doblarse sobre ella misma para ajustarse a ese estado? El alma no está hecha para habitar una cosa y, cuando se ve obligada a hacerlo, todo su ser sufre violencia.

Un hombre desarmado y desnudo contra el que se dirige un arma se convierte en cadáver antes de que el arma le toque. Durante un instante, todavía cogita, actúa, espera:

Mientras pensaba, inmóvil, el otro se acercó trémulo,
ansioso por tocar sus rodillas. Quería de todo corazón
escapar a la muerte cruel, al negro destino...
Con un brazo le abrazaba suplicante las rodillas,
con el otro sujetaba la aguda lanza sin soltarla.

Pronto habrá comprendido que el arma no va a desviar su camino y, aunque todavía respire, ya solo es materia; aunque siga siendo pensante, ya no puede pensar:

Así le habló el esclarecido hijo de Príamo
con palabras suplicantes. Sin embargo, la respuesta fue [inflexible:
así habló y al otro se le doblaron las rodillas y le desfalleció el [corazón;
soltó la lanza y cayó sentado, con las manos tendidas.
Ambas manos. Aquiles desenvainó la aguda espada.
Le golpeó en la clavícula, al lado del cuello y hundió
hasta la guarda la espada de doble filo. Él boca abajo
quedó tendido y su sangre negra brotó empapando la tierra.

Cuando, al margen de cualquier combate, un extranjero débil y sin armas suplica a un guerrero, no por ello estará condenado a muerte, pero un instante de impaciencia por parte del guerrero bastaría para arrebatarle la vida. Es suficiente para que su carne pierda la propiedad principal de la carne viva. Un trozo de carne viva manifiesta la vida sobre todo por el impulso, las ancas de rana se mueven por el impulso eléctrico; la cercanía o el contacto de una cosa horrible o terrorífica haría sobresaltarse a cualquier paquete de carne, de nervios y de músculos. Un suplicante no se inmuta cuando está solo, no tiembla, ya no es capaz de hacerlo, sus labios tocarán el objeto más cargado de horror para él:

Nadie vio entrar al alto Príamo. Se detuvo,
abrazó las rodillas de Aquiles y le besó las manos,
terribles y homicidas, que a tantos hijos suyos habían dado
[muerte.

El espectáculo de un hombre reducido a este grado de infortunio es tan escalofriante como puede serlo el aspecto de un cadáver:

Como cuando la dura desgracia se apodera de alguien,
[que en su país
ha matado, y llega a la patria ajena
de algún hombre acaudalado, los que le ven se estremecen.
Así Aquiles se estremeció al ver al divino Príamo.
Los demás también se estremecieron, mirándose unos a otros.

Pero solo dura un instante y pronto se olvida la presencia misma del infortunado:

Así habló. Y el otro, pensando en su padre, sintió deseos de
[llorarlo.
Tomándolo por el brazo, apartó un poco al anciano.
Ambos recordaban, uno al homicida Héctor,
y lloraba profusamente postrado a los pies de Aquiles;
mientras Aquiles lloraba a su padre, y a veces también
a Patroclo; y sus sollozos llenaban la estancia.

Si Aquiles empuja al anciano que está pegado a sus rodillas no es por insensibilidad; las palabras de Príamo le hacen pensar en su anciano padre y lo conmueven hasta las lágrimas. Simplemente se siente tan libre en su actitud, en sus movimientos, como si en lugar de un suplicante estuviera abrazado a sus rodillas un objeto inerte. Los seres humanos a nuestro alrededor tienen, por su mera presencia, un poder que solo a ellos pertenece: el de detener, reprimir, modificar cada uno de los movimientos que apunta nuestro cuerpo; un transeúnte no nos desvía de nuestro camino de la misma forma que un cartel; cuando estamos solos, no nos levantamos, no caminamos, no nos sentamos en nuestra habitación de la misma forma que si hubiera un visitante. Esta influencia indefinible de la presencia humana no la ejercen los hombres a quienes un movimiento de impaciencia puede privar de la vida incluso antes de que un pensamiento haya tenido tiempo de condenarlos a muerte. Ante ellos, el resto de los hombres se mueven como si no estuvieran allí y ellos, a su vez, en el peligro en el que se encuentran de verse en un instante reducidos a la nada, imitan a la nada. Si los empujan, caen, si caen se quedan en el suelo, hasta que el azar no lleve al pensamiento de alguien la idea de levantarlos. Y una vez que se levantan, si los honran con palabras cordiales, no se atreven a tomarse en serio esta resurrección, no se atreven a manifestar un deseo, pues una voz irritada los conminaría inmediatamente al silencio:

Y así habló y el anciano tembloroso obedeció.

Al menos, los suplicantes, una vez atendidas sus plegarias, vuelven a ser hombres como los demás. ¿Puede, en cambio, haber hombres más desgraciados que los que, sin morir, se han convertido en cosa para toda su vida? No hay holgura en sus días, no hay ningún vacío ni campo libre para nada que venga de ellos mismos. No son hombres que vivan más duramente que los otros, o con una posición social más baja que la de los otros; es otra especie humana, algo intermedio entre el hombre y el cadáver. Que un ser humano sea una cosa no deja de ser contradictorio, desde el punto de vista lógico, pero cuando lo imposible se hace realidad, la contradicción se convierte en un desgarro del alma. Esta cosa aspira en todo momento a ser un hombre, una mujer, pero nunca lo logra. Es una muerte que se prolonga a lo largo de toda una vida, una vida que la muerte congeló hace tiempo, antes de suprimirla.

La virgen, hija de un sacerdote, sufrirá esta suerte:

No la soltaré. Antes se apoderará de ella la vejez
en nuestra casa, en Argos, lejos de la patria,
trabajando en el telar y compartiendo mi lecho.

La sufrirá la joven madre, esposa del príncipe:

Y quizá algún día en Argos tejas por encargo de una extraña
y vayas a buscar agua a la fuente Meseida o a la Hiperea,
muy a tu pesar, obligada por la dura necesidad.

La sufrirá el hijo heredero del cetro real:

Ellas se volverán al fondo de las cóncavas naves,
y yo con ellas, y tú, hijo mío, conmigo.
Me seguirás y trabajarás en labores serviles,
penando bajo la mirada de un duro amo...

Esta suerte es tan temible a los ojos de una madre para su hijo como la muerte misma; el esposo desea haber muerto antes de ver a su esposa reducida a ello; el padre invoca todas las plagas del cielo sobre el ejército que somete a su hija. Y en aquellos sobre los que se abate un destino tan brutal, borra las maldiciones, la rebeldía, las comparaciones, las meditaciones sobre el futuro y el pasado y casi el recuerdo. No puede ya el esclavo ser fiel a la ciudad y a sus muertos.

Cuando sufre o muere uno de los que le hicieron perderlo todo, de los que asolaron su ciudad, asesinado a los suyos ante sus ojos, entonces el esclavo llora. ¿Por qué no? Solo en ese momento se le permite llorar. Se le impone, incluso. En su servidumbre, ¿acaso las lágrimas no están dispuestas a brotar impunemente cuando pueden?

Así habló llorando y las mujeres respondían gimiendo
aunque parecía que lloraban a Patroclo, cada una vivía sus
[propias angustias.

En ninguna ocasión tiene el esclavo licencia de expresarse, salvo que eso complazca a su amo. Por eso, en una vida tan monótona puede aparecer un sentimiento y animarla un poco, y solo puede ser el amor al amo, cualquier otro camino está cerrado al don del amor, como para un caballo uncido al carro las riendas y el bocado cierran todos los caminos salvo uno. Y si, por algún milagro, surge por clemencia la esperanza de volver a ser alguien algún día, ¿cuánta gratitud y amor habrá para los hombres a quienes un pasado aún muy cercano debería inspirar horror?

Mi esposo, a quien me confiaron mi padre y mi augusta
[madre,
lo vi ante la ciudad desgarrado por el agudo bronce.
Mis tres hermanos, hijos de la misma madre,
tan queridos, alcanzaron el día de la fatalidad.
No me permitiste, cuando mi marido de manos del rápido
[Aquiles
murió y fue destruida la ciudad del divino Mines,
llorar; asegurabas que el divino Aquiles
me convertiría en legítima esposa y me llevaría en sus naves
a Ftía, para celebrar el banquete de boda junto a los
[mirmidones.
Por eso lloro sin cesar a quien fue conmigo tan dulce.

No es posible perder más de lo que pierde el esclavo, pierde toda la vida interior. Solo recupera una parte de ella cuando se le presenta la ocasión de cambiar su destino. Tal es el imperio de la fuerza, que va tan lejos como va la naturaleza. La naturaleza también, cuando entran en juego las necesidades vitales, borra toda la vida interior e incluso el dolor de una madre:

Incluso Níobe, la de hermosos cabellos, se acordó de comer,
aunque doce hijos se le murieron en la casa,
seis hijas y seis hijos en la flor de la edad.

Apolo los mató con su arco de plata
en su ira contra Níobe y Ártemis, que ama las flechas,
por haber pretendido igualarse a Leto, de hermosas mejillas,
diciendo «ella tiene dos hijos y yo alumbré muchos».
Y estos dos, aunque solo fueran dos, murieron.
Durante nueve días yacieron muertos, sin que nadie viniera
a enterrarlos. Las gentes se habían mudado en piedras por
[voluntad de Zeus.
Y el décimo día, los enterraron los dioses del cielo,
y entonces ella se acordó de comer, agotada de llorar.

Nunca se ha expresado más amargamente la miseria del hombre, que le hace incapaz incluso de sentir su miseria.

La fuerza que maneja el otro tiene tanto imperio sobre el alma como el hambre extrema, pues consiste en un poder perpetuo de vida y de muerte. Y es un imperio tan frío, tan duro, como si lo ejerciera la materia inerte. El hombre que es siempre el más débil está solo en el corazón de la ciudad, más solo de lo que puede estar un hombre perdido en medio de un desierto.

Dos toneles están amarrados al suelo, en el umbral de Zeus,
y en ellos guarda sus dones, malos en uno y buenos en otro...
A quien regala miserias lo expone a las afrentas;
la espantosa necesidad lo empuja por toda la tierra divina;
y vaga sin recibir aprecio de los hombres ni de los dioses.

Tan despiadadamente como aplasta, la fuerza también embriaga a aquellos que la poseen o creen que la poseen. Y nadie la posee realmente. En la *Ilíada*, los hombres no se dividen en vencidos, esclavos y suplicantes por una parte y vencedores o jefes por otra; no hay ni un solo hombre que no se vea en un momento dado obligado a doblegarse ante la fuerza. Los soldados, aunque libres y armados, no por ello sufren menos órdenes y ultrajes:

A los hombres del pueblo que encontraba gritando
los golpeaba con su cetro, increpándolos así:
«Miserable, estate quieto y escucha hablar a los demás,
tus superiores. No tienes ni valor ni fuerza,
no cuentas nada en el combate, no cuentas nada en la
[asamblea...».

Tersites paga muy caras sus palabras, sin embargo, bien razonables y parecidas a las que pronuncia Aquiles:

Le golpeó, se encorvó y sus lágrimas corrieron con rapidez,
un bulto sanguinolento le brotó en la espalda,
por obra de dorado cetro; se sentó y tuvo miedo.
Entre el dolor y el estupor, secaba sus lágrimas.
Los otros, a pesar de su aflicción, se divertían y reían.

Sin embargo, el propio Aquiles, héroe orgulloso e invicto, se nos muestra desde el principio del poema llorando de humillación y de impotencia, tras ver cómo le arrebatan ante sus ojos a la mujer que quería convertir en su esposa mientras no se atrevía a oponerse a ello.

...A su vez Aquiles
llorando se sentó apartado de los suyos,
en la ribera de las olas espumosas, mirando al mar vinoso.

Agamenón humilla deliberadamente a Aquiles para mostrar que es él quien manda:

... Así sabrás
que puedo más que tú y cualquier otro se lo pensará
antes de tratarme como igual y resistirse a mi fuerza.

Unos días más tarde le toca llorar al jefe supremo, se ve obligado a rebajarse, suplicar y tiene que sufrir por haberlo hecho en vano.

Ninguno de los combatientes se libra de la vergüenza del miedo. Los héroes tiemblan como todos los demás. Un simple desafío de Héctor puede consternar a todos los griegos sin excepción, salvo a Aquiles y los suyos, pero porque están ausentes:

Así habló y todos callaron y guardaron silencio;
se avergonzaban de rehusar, pero temían aceptar.

En cuanto Ayante avanza, el miedo cambia de bando:

Un temblor atroz hizo desfallecer las piernas de los troyanos;
el corazón del mismo Héctor palpitó en su pecho;
pero ya no podía temblar ni retroceder.

Dos días más tarde le toca a Ayante sentir terror:

Zeus padre, desde las alturas, infundió miedo a Ayante,
que se detiene atónito y echa atrás el escudo de siete pieles,
tiembla, escruta con la mirada a la multitud como una
[fiera...

El propio Aquiles llega a temblar y gemir de miedo, bien es verdad que es ante un río, no ante un hombre. Salvo él, todos aparecen en algún momento como vencidos. La victoria no viene tanto determinada por el valor como por el destino ciego, representado por la balanza de oro de Zeus:

En ese momento, el padre Zeus desplegó la áurea balanza.
Puso en ambos lados las dos parcas de la muerte que siega
[todas las cosas,
una para los troyanos, domadores de caballos, otra para los
[griegos, de broncíneas armaduras.
La tomó por el centro y se inclinó hacia el día fatal de los
[aqueos.

A fuerza de ser ciego, el destino alcanza una cierta forma de justicia, también ciega, que castiga con la ley del Talión a los hombres armados; la *Ilíada* la formuló mucho antes que el Evangelio, y casi en los mismos términos:

Ares es equitativo y mata a los que matan.

Todos están destinados a sufrir violencia por el hecho de nacer: esa es una verdad a la que el imperio de las circunstancias cierra el entendimiento de los hombres. Ni el fuerte es absolutamente fuerte, ni el débil es absolutamente débil, pero uno y otro lo ignoran. No se creen de la misma especie; ni el débil se considera semejante del fuerte ni lo consideran como tal. El que tiene la fuerza camina en una atmósfera sin resistencia, sin que nada, en la materia humana que bulle a su alrededor, pueda suscitar, entre el impulso y el acto, ese breve intervalo en el que mora el pensamiento. Y donde el pensamiento no cabe, tampoco caben la justicia y la prudencia. Por esta razón los hombres armados actúan con dureza y locura. Su arma se hunde en un enemigo desarmado que está arrodillado a sus pies, vencen a un moribundo mientras le describen los ultrajes que sufrirá su cuerpo; Aquiles degüella a doce adolescentes troyanos en la pira de Patroclo, con la misma naturalidad que cortaría flores para su tumba. Al hacer uso de su poder, no sospechan siquiera que se verán doblegados por las consecuencias de sus actos. Cuando se puede silenciar, aterrorizar y obligar a obedecer con una sola palabra a un anciano, ¿quién se parará a pensar que las maldiciones de un sacerdote tengan alguna importancia a los ojos de los augures? ¿Alguien se privará de robar a la mujer de Aquiles, si sabe que será ciegamente obedecido? ¿Puede pensar Aquiles, cuando goza al ver huir a los miserables griegos, que esta huida, que durará o acabará en función de su voluntad, provocará la pérdida de la vida de su amigo y también de la suya? Así es como aquellos a los que el destino presta la fuerza perecen por confiar demasiado en ella.

Es imposible que no perezcan. Porque no consideran que su propia fuerza es limitada y que sus relaciones con los demás se basan en un equilibrio entre fuerzas desiguales. Como los otros hombres no imponen a sus movimientos esa pausa que es lo único en que se puede basar el respeto por nuestros semejantes, concluyen que el destino les dio licencia para todo y no se la dio a sus inferiores. Así que van más allá de las fuerzas de las que disponen. Inevitablemente van más allá, ignorando que sus fuerzas son limitadas. Entonces quedan sin recurso en manos del azar y las cosas ya no les obedecen. A veces, el azar los ayuda, pero otras los perjudica y quedan expuestos desnudos a la desgracia, sin la armadura de potencia que protegía su alma, sin nada que pueda mantenerlos alejados de las lágrimas.

Esta sanción de rigor geométrico, que castiga automáticamente el abuso de la fuerza, fue el primer tema de meditación entre los griegos. Es el alma de la epopeya, con el nombre de Némesis, es el resorte principal de las tragedias de Esquilo; los pitagóricos, Sócrates, Platón partieron de este punto para reflexionar sobre el hombre y el universo. La noción se ha hecho familiar allá donde penetró el helenismo. Esta noción griega podría subsistir con el nombre de karma en países orientales marcados por el budismo, pero Occidente la ha perdido y ni siquiera existe, en ninguna de sus lenguas, la palabra necesaria para expresarla; las ideas de límite, de mesura, de equilibrio que deberían determinar las conductas en la vida ya solo tienen un empleo servil en la técnica. Solo somos geómetras ante la materia; los griegos fueron primero geómetras en el aprendizaje de la virtud.

La marcha de la guerra, en la *Ilíada*, es solo este juego de equilibrio. El vencedor del momento se siente invencible, aunque haya sufrido la derrota solo unas horas antes; olvida servirse de la victoria como de algo pasajero. Al cabo de la primera jornada de combate que relata la *Ilíada*, los griegos victoriosos podrían obtener sin problema el objeto de sus esfuerzos, es decir, Helena y sus riquezas, al menos si suponemos, como hace Homero, que el ejército griego tenía razón al creer que Helena estaba en Troya. Los sacerdotes egipcios, que debían saberlo, afirmaron más tarde a Heródoto que estaba en Egipto. De todas formas, aquella noche, los griegos ya no la quieren:

«Ni las riquezas de Paris acepte ahora nadie,
ni a Helena. Sabido es, incluso para el más ignorante,
que Troya está ahora al borde de la pérdida».
Y así habló y todos entre los aqueos le aclamaron.

Lo que quieren es, ni más ni menos, todo. Todas las riquezas de Troya como botín, todos los palacios, los templos y las casas hechos cenizas, todas las mujeres y los niños esclavizados, todos los hombres convertidos en cadáveres. Olvidan un detalle, y es que no todo está en sus manos, porque no están en Troya. Quizá mañana estén dentro, quizá no.

El propio Héctor, ese mismo día, es víctima del mismo olvido:

Bien sé esto, en mis entrañas y en mi corazón:
llegará el día en que perezca la sacra Ilión,
y Príamo y la nación de Príamo, el de la buena lanza.
Pero pienso menos en el dolor que se prepara para los
[troyanos,
y en la misma Hécuba y en el rey Príamo,
y en mis hermanos que, muchos y valerosos,
morderán el polvo bajo los golpes enemigos,
que en ti cuando uno de los griegos de broncínea coraza
te arrastre envuelta en lágrimas y te prive de libertad.
Ojalá esté muerto y que la tierra me cubra
antes de oírte gritar, antes de ver cómo te arrastran.

¿Qué no ofrecería en ese momento para alejar los horrores que cree inevitables? Pero todo lo que ofrezca será en vano. Al otro día, los griegos huyen miserablemente y el propio Agamenón querría hacerse al mar. Héctor, cediendo apenas nada, podría obtener en ese momento que se marchara el enemigo, pero ni siquiera les permite partir con las manos vacías:

Ardan muchas hogueras y que su resplandor llegue al cielo
por si durante la noche los griegos de larga cabellera
se lanzan a la fuga sobre los anchos lomos del mar...
que más de uno reciba una flecha y se la lleve a la patria
...para que todo el mundo tema
por haber llevado hasta los troyanos domadores de caballos la
[guerra, fuente de lágrimas.

Su deseo se hace realidad: los griegos se quedan y, el día siguiente, al mediodía, lo convierten a él y a los suyos en un objeto lamentable:

Otros huían por la llanura, como las vacas
que un león, llegado en la oscuridad de la noche, pone en
[fuga.
Así los perseguía Agamenón, el poderoso atrida,
matando sin descanso hasta al último, mientras ellos huían.

A lo largo de la tarde se impone Héctor, retrocede una vez más y consigue hacer huir a los griegos, para ser rechazado inmediatamente después por Patroclo y sus tropas de refresco. Patroclo, forzando la ventaja más allá de sus fuerzas, acaba por verse expuesto, sin armadura y herido por la espada de Héctor. Esa misma noche, Héctor victorioso acoge con duras reprimendas la opinión del prudente Polidamante:

«Ahora que el taimado hijo de Cronos me ha concedido
la gloria junto a las naves y acorralar a los griegos junto al
[mar,
¡insensato!, no es momento de exponer ante el pueblo estos
[consejos.
Ningún troyano te escuchará y yo no lo permitiré».
Así habló Héctor y los troyanos lo aclamaron.

Al día siguiente, Héctor está perdido. Aquiles lo ha hecho retroceder por todo el campo de batalla y lo va a matar. Siempre ha sido el más fuerte de los dos en combate, pero ahora tiene también la ventaja de varias semanas de descanso, movido por la venganza y la victoria, contra un enemigo agotado. Héctor está solo ante los muros de Troya, completamente solo, esperando la muerte e intentando obligarse a hacerle frente.

¡Ay de mí!, si me meto tras las puertas y la muralla,
Polidamante me cubrirá de oprobio.
Ahora que los míos están perdidos por mi locura,
temo a los troyanos y troyanas de mantos que se arrastran,
no sea que alguna vez alguien menos valiente que yo diga:
«Héctor, demasiado confiado en su fuerza hizo perecer a la
[patria».
Y si depongo el escudo abollado
y el buen casco, apoyando mi lanza en la muralla,
y si saliera al encuentro del ilustre Aquiles.
¿Por qué me da el corazón tales consejos?

No me acercaré, no tendría piedad
ni miramientos, me mataría si me presentara así desnudo,
como una mujer...

Héctor no escapa a ninguno de los dolores y vergüenzas que aquejan a todos los desgraciados. Solo, privado de prestigio y de fuerza, el valor que le mantuvo fuera de las murallas no evitará que huya:

Héctor, al verlo, fue presa de temblores. No pudo resolverse
a quedar allí...
No competían por una oveja o por una piel bovina
o por las recompensas ordinarias de una carrera,
corrían por su vida, la de Héctor, domador de caballos.

Herido de muerte, aumenta el triunfo del vencedor por sus vanas súplicas:

Te imploro por tu vida, por tus rodillas, por tus padres...

Los oyentes de la *Ilíada* saben que la muerte de Héctor proporcionará una alegría muy breve a Aquiles y la muerte de Aquiles una breve alegría a los troyanos, y la aniquilación de Troya una también breve alegría a los aqueos.

Así la violencia aplasta a los que toca. Acaba pareciendo algo exterior al que la maneja y al que la sufre. Y así nace la idea de un destino que iguala a víctimas y verdugos, igualmente inocentes, los vencedores y los vencidos hermanos en la misma miseria. El vencido es causa de desgracia para el vencedor, como el vencedor lo es para el vencido.

Un solo hijo engendró, destinado a una corta vida;
y ni siquiera lo cuido en su vejez, pues estoy muy lejos de la
[patria,
estoy ante Troya, causando el mal para ti y para tus hijos.

Un uso moderado de la fuerza, que permitiría escapar a la rueda, requeriría una virtud sobrehumana, tan escasa como una constante dignidad en las horas bajas. La moderación también tiene su peligro, pues el prestigio que constituye la fuerza en sus tres cuartas partes, o más, es ante todo indiferencia soberbia del fuerte por los débiles: una indiferencia tan contagiosa que se comunica a los que son objeto de ella. Sin embargo, un pensamiento político no suele aconsejar el exceso. Al contrario, la tentación del exceso es casi irresistible. A veces se pronuncian en la *Ilíada* palabras razonables, por ejemplo, las de Tersites lo son en grado sumo. Las de Aquiles irritado lo son también:

Para mí no hay nada que valga como la vida, ni siquiera
todos los bienes que dicen que contiene Ilión, la ciudad tan
[próspera...
Pues se pueden ganar con pillaje bueyes y corderos cebados...
pero una vida humana, una vez que se pierde, no se puede
[recuperar.

Sin embargo, las palabras razonables caen en el vacío. Si las pronuncia un inferior, es castigado y calla; si las pronuncia un jefe, no ajusta sus acciones a ellas. Y siempre aparece un dios aconsejando la sinrazón. A fin de cuentas, la idea misma de que se pueda escapar a la ocupación que la suerte nos ha dado, la de matar y morir, se esfuma:

...Nosotros, condenados por Zeus
desde la juventud a penar hasta la vejez
en dolorosas guerras, hasta que perezcamos uno a uno.

Estos combatientes, como más adelante los de Craonne, se sentían todos condenados.

Cayeron en esta situación con la trampa más sencilla. En un principio avanzan con corazón ligero, como suele suceder cuando la fuerza está con nosotros y solo se nos opone el vacío. Empuñan las armas, el enemigo está ausente. Salvo cuando el alma está abatida por la reputación del enemigo, siempre somos más fuertes que un ausente. Un ausente no impone el yugo de la necesidad. En los que así se van, no se manifiesta necesidad alguna y por eso se van como jugando, como para unas vacaciones de las obligaciones cotidianas.

¿A dónde han ido las bravatas que lanzábamos tan valientes,
las que proferíais en Lemnos llenos de vana presunción,
mientras comíais carne de buey de rectos cuernos,
mientras bebíais en copas desbordantes de vino?
Cada uno haría frente a cien o a doscientos troyanos
en combate y he aquí que uno es demasiado para nosotros.

Incluso cuando se vive la guerra, no deja por ello de parecer un juego. La necesidad propia de la guerra es terrible, muy diferente de la ligada a los trabajos de la paz, el alma solo se somete cuando no puede escapar, y si escapa pasa días vacíos de necesidad, días de juego, de ensueño, arbitrarios e irreales. El peligro es una abstracción, las vidas que se destruyen son como juguetes rotos por un niño e igual de indiferentes, el heroísmo es una pose teatral contaminada por la jactancia. Si además por un momento un impulso de vida multiplica la potencia de actuar, nos creemos irresistibles en virtud de una ayuda divina que nos protege de la derrota y la muerte. Así la vida es fácil y la amamos sumisamente.

Pero en la mayor parte de las personas este estado no dura. Llega un día en que el miedo, la derrota, la muerte de los compañeros queridos doblegan el alma del combatiente bajo la necesidad. La guerra deja entonces de ser un juego o un sueño, el guerrero comprende por fin que existe realmente. Es una realidad dura, demasiado dura como para soportarla, porque encierra la muerte. El pensamiento de la muerte es inaguantable, salvo por destellos, cuando nos damos cuenta de que efectivamente la muerte es posible. Es cierto que todos los hombres están destinados a morir y que un soldado puede envejecer entre combates, pero para aquellos cuya alma está sometida al yugo de la guerra, la relación entre la muerte y el futuro no es la misma que para el resto de los hombres. Para los demás, la muerte es un límite impuesto anticipadamente al futuro; para ellos es el futuro mismo, el que les asigna su profesión. Que los hombres tengan la muerte como futuro es algo contra natura. Cuando la práctica de la guerra hace perceptible la posibilidad de muerte que encierra cada minuto, el pensamiento es incapaz de pasar de un día al siguiente sin cruzar la imagen de la muerte. Entonces la mente está tan tensa que no puede soportar estarlo demasiado tiempo, pero cada amanecer trae la misma necesidad y los días se suman a los días para formar años. El alma sufre violencia todos los días. Cada mañana, el alma se mutila de toda aspiración porque el pensamiento no puede viajar en el tiempo sin pasar antes por la muerte. Y así la guerra borra toda idea de finalidad, incluso la idea de la finalidad de la guerra. Borra el pensamiento mismo de poner fin a la guerra. La posibilidad de una situación tan violenta es inconcebible mientras no estamos en ella, el final es inconcebible cuando hemos llegado a ella. Así que no hacemos nada para conseguir este final. Los brazos no pueden dejar de sujetar y de manejar las armas en presencia de un enemigo armado; la mente debería intentar encontrar una salida, pero ha perdido toda la capacidad de hacerlo. Está totalmente ocupada haciéndose violencia. Entre los hombres, ya se trate de servidumbre o de guerra, las desgracias intolerables duran por su propio peso y desde el exterior parecen fáciles de soportar; duran porque suprimen los recursos necesarios para encontrar una salida.

No obstante, el alma sometida a la guerra grita hacia la liberación, pero la liberación misma aparece en una forma trágica, extrema, en forma de destrucción. Un final moderado, razonable, dejaría al desnudo para el pensamiento una desgracia tan violenta que no se puede aguantar ni siquiera como recuerdo. El terror, el dolor, el agotamiento, las matanzas, los compañeros destruidos..., no creemos que todas estas cosas puedan dejar de morder el alma si la embriaguez de la fuerza no llega para anegarlas. La idea de que un esfuerzo sin límites pueda traer solamente un beneficio nulo o limitado duele:

¿Cómo? ¿Dejaremos que Príamo y los troyanos se vanaglorien
de la argiva Helena, por quien tantos griegos
perecieron ante Troya, tan lejos de la patria?

¿Cómo? ¿Quieres que abandonemos la ciudad de Troya de
[amplias calles,
que la abandonemos tras haber sufrido tantas miserias?

¿Qué le importa Helena a Ulises? ¿Qué le importa la misma Troya, llena de riquezas que no compensarán la ruina de Ítaca? Troya y Helena importan únicamente como causas de la sangre y las lágrimas de los griegos, y solo al dominarlas podremos dominar los recuerdos espantosos. El alma que se ha visto obligada por la existencia de un enemigo a destruir lo que la naturaleza había puesto en ella, cree que solo puede curarse destruyendo al enemigo. Al mismo tiempo, la muerte de compañeros queridos da lugar a una sombría emulación de la muerte:

¡Que caiga muerto aquí mismo si mi amigo
debió sucumbir sin mi ayuda muy lejos de la patria!
Pereció sin que pudiera alejar la muerte de él
y ahora iré en busca del asesino de una cabeza tan querida,
Héctor; recibiré la muerte en el momento en que
Zeus y todos los otros dioses así lo quieran.

La misma desesperación empuja a morir y a matar.

Bien sé que mi destino es morir aquí,
lejos de mi padre y de mi madre tan amados, pero
no cejaré hasta que los troyanos queden saciados de la guerra.

El hombre habitado por esta doble necesidad de muerte pertenece, mientras no se haya convertido en otra persona, a una raza diferente de la raza de los vivos.

¿Qué eco puede encontrar el tímido anhelo de vida en tales corazones, cuando los vencidos suplican que se les permita volver a ver la luz del día? La posesión de armas, por una parte, la privación de armas, por otra, dejan a una vida amenazada casi sin importancia; así que ¿cómo puede quien ha destruido en sí mismo el pensamiento de que ver la luz es dulce respetarla ante esta humilde y vana queja?

A tus rodillas imploro, Aquiles, respétame y apiádate de mí.
Estoy aquí suplicando, oh hijo de Zeus, y soy digno de respeto.
En tu casa probé por primera vez el pan de Deméter,
el día en que me tomaste en tu jardín bien cultivado
y me vendiste, enviándome lejos de mi padre y de los míos,
a la sagrada Lemnos... Y por mí te dieron el valor de una
[hecatombe.
Me compraron por tres veces más y esta aurora
es para mí la duodécima desde que volví a Ilión,
tras tantos dolores. Estoy de nuevo entre tus manos
por un destino funesto. Zeus el padre me odia sin duda,
pues de nuevo me entrega a ti. Para una vida breve
mi madre, Laótoe, hija del anciano Altes, me engendró...

¡Qué respuesta recibe esta débil esperanza!

Vamos, amigo, vas a morir también. ¿Por qué te lamentas así?
Patroclo ha muerto y valía mucho más que tú.
¿Acaso no ves que soy alto y bello,
de noble raza, una diosa me engendró
pero también penden sobre mí la muerte y el duro destino?
Llegará una aurora, un crepúsculo o un mediodía
cuando también a mí me arrebaten la vida por las armas.

Hace falta un esfuerzo desgarradoramente generoso para respetar la vida de los demás cuando uno mismo ha tenido que mutilarse de toda aspiración a vivir. No podemos suponer que ninguno de los guerreros de Homero sea capaz de semejante esfuerzo, salvo quizá el que en cierto modo está en el centro del poema, Patroclo, que «sabía ser amable con todos», y en la *Ilíada* no hace nada brutal ni cruel. Pero ¿cuántos hombres conocemos, en miles de años de historia, que hayan mostrado una generosidad tan divina? No parece que pudiéramos nombrar a más de dos o tres. Sin esta generosidad, el soldado victorioso es como un azote de la naturaleza; poseído por la guerra, es tan cosa como el esclavo, aunque de forma muy diferente, y las palabras no tienen sobre él el poder que tienen sobre la materia. Uno y otro, en contacto con la fuerza, sufren sus efectos infalibles, que son los de hacer mudos o sordos a los que toca.

Esta es la naturaleza de la fuerza. El poder que tiene de transformar a los hombres en cosas es doble y se ejerce de ambos lados; petrifica de forma diferente, pero semejante, las almas de los que la sufren y de los que la ejercen. Esta propiedad alcanza su grado máximo en un entorno armado, a partir del momento en que una batalla se orienta hacia una resolución. Las batallas no se deciden entre hombres que calculan, combinan, toman una decisión y la ejecutan, sino entre hombres despojados de estas facultades, transformados, reducidos al rango de materia inerte que solo es pasividad, o bien de fuerza ciega que solo es impulso. Es el secreto definitivo de la guerra y la *Ilíada* lo expresa con sus comparaciones, en las que los guerreros aparecen como trasuntos del fuego, la inundación, el viento, las bestias feroces, cualquier causa ciega de desastre, o bien como animales tímidos, árboles, agua, arena, cualquier cosa movida por la violencia de fuerzas externas. Griegos y troyanos, de un día para otro, a veces de una hora para otra, sufren alternativamente ambas transmutaciones:

Como cuando un león asalta para matarlas a las vacas
que pacen en una extensa marisma
por millares y todas tiemblan, así los aqueos
con pánico se dieron a la fuga asaltados por Héctor y por Zeus
[el padre,
Todos...
Como cuando el fuego destructor prende en la espesura del
[bosque
y los remolinos de viento lo esparcen, y los troncos
arrancados caen por el ímpetu del fuego.
Así el atrida Agamenón hacía caer las cabezas
de los troyanos que huían.

El arte de la guerra solo es el arte de provocar estas transformaciones y el material, los procedimientos, la muerte misma infligida al enemigo son los medios para hacerlo. El verdadero objetivo es el alma misma de los combatientes. Estas transformaciones siempre son un misterio y los dioses son sus autores; ellos que influyen en la imaginación de los hombres. En cualquier caso, esta doble propiedad de petrificación es esencial para la fuerza y un alma en contacto con la fuerza solo escapa gracias a una especie de milagro. Estos milagros son raros y cortos.

La ligereza de los que manejan sin respeto a los hombres y a las cosas que tienen o creen que tienen a su merced, la desesperación que obliga al soldado a destruir, el aplastamiento del esclavo y del vencido, las matanzas, todo ello contribuye a formar un cuadro uniforme de horror. La fuerza es el único héroe en este cuadro. El resultado sería monótono si no hubiera, aquí y allá, momentos luminosos, momentos breves y divinos en los que los hombres tienen un alma. El alma que así se despierta un instante, para perderse poco después, es el imperio de la fuerza, despierta pura e intacta; no aparecen en ella sentimientos ambiguos, complicados o atribulados, solo tienen cabida en ella el valor y el amor. A veces un hombre encuentra su alma deliberando consigo mismo, cuando intenta, como Héctor ante Troya, sin ayuda de dioses ni hombres, enfrentarse solo al destino. Los otros momentos en los que los hombres encuentran su alma son aquellos en los que aman; casi ninguna forma pura de amor entre hombres está ausente de la lista.

La tradición de la hospitalidad, incluso tras varias generaciones, prevalece sobre la ceguera del combate:

Así soy para ti un huésped amado en Argos...
Evitemos nuestras lanzas, en medio de la multitud.

El amor del hijo por sus padres, del padre o de la madre por el hijo, se apunta una y otra vez de forma tan breve como conmovedora:

Respondió Tetis, sin dejar de verter lágrimas:
«Naciste para una vida breve, hijo mío, por lo que dices...».

Igualmente, el amor entre hermanos:

Mis tres hermanos, hijos de la misma madre,
tan queridos...

El amor conyugal, condenado a la desgracia, es de una pureza sorprendente. El esposo, al evocar las humillaciones de la esclavitud que esperan a la mujer que ama, omite aquella que mancillaría su ternura solo de pensarla. No hay nada tan sencillo como las palabras que la esposa dirige al que va a morir:

Mejor sería para mí,
si te pierdo, estar bajo tierra, no tendré
más recurso, cuando se haya cumplido tu destino,
solo sufrimiento...

No menos conmovedoras son las palabras dirigidas al esposo muerto:

Esposo mío, has muerto tan joven, antes de tu hora, y yo tu [viuda
quedo sola en la casa, nuestro hijo tan pequeño todavía
que tuvimos tú y yo, desventurados. Y no creo
que llegue a crecer...
Pues al morir no me has tendido los brazos,
no has dicho una sagaz palabra para que siempre
piense en ella día y noche vertiendo lágrimas.

La más bella amistad, la que tiene lugar entre compañeros de combate, es objeto de los últimos cantos:

... Mas Aquiles
Lloraba pensando en su compañero bien amado; el sueño
que todo lo doblega no lo vencía y no paraba de dar vueltas.

Sin embargo, el triunfo más puro del amor, la gracia suprema de la guerra, es la amistad que asciende hasta el corazón de los enemigos mortales. Hace desaparecer el hambre de venganza por el hijo asesinado, borra por un milagro todavía mayor la distancia entre benefactor y suplicante, entre vencedor y vencido:

Después de saciar el apetito de comer y beber,
el dardánida Príamo se quedó admirando a Aquiles,
cuán alto y bello era, tenía el rostro de un dios.
Y a su vez el dardánida Príamo fue admirado por Aquiles,
que contemplaba su bello rostro y escuchaba sus palabras.
Y cuando quedaron saciados de contemplarse el uno al otro...

Estos momentos de gracia son raros en la *Ilíada*, pero son suficientes para representar, con extremo pesar, lo que la violencia destruye y destruirá.

Sin embargo, esta acumulación de violencias sería fría sin un acento de amargura incurable que se trasluce constantemente, aunque a veces se manifiesta en una sola palabra, un fragmento de verso, un encabalgamiento. Por eso la *Ilíada* es única, por esta amargura que procede de la ternura, que se extiende sobre todos los seres humanos, igual para todos como la luz del sol. El tono siempre está marcado por la amargura, pero nunca se rebaja al lamento. La justicia y el amor, que no pueden tener cabida en este cuadro de violencia extrema e injusta, lo bañan con su luz, aunque solo son perceptibles a modo de acento. No se menosprecia nada valioso, esté o no destinado a morir, la miseria de todos se expone sin ocultación ni desdén, ningún hombre está por encima o por debajo de la condición común a todos los hombres; todo lo que se destruye se llora. Vencedores y vencidos son seres cercanos, y son los semejantes, tanto del poeta como del oyente. Si hay una diferencia es porque la desgracia de los enemigos quizá se perciba de forma más dolorosa:

Y así cayó, dormido por un sueño broncíneo,
el desgraciado, lejos de su esposa, defendiendo a los suyos...

¡Qué acento para evocar el destino del adolescente vendido por Aquiles en Lemnos!

Once días se alegró su corazón entre los que amaba,
al regresar de Lemnos, y al duodécimo, de nuevo
Dios lo hizo caer en manos de Aquiles, que lo enviaría
al Hades, aunque no quisiera partir.

Y el destino de Euforbo, que solo vio un día de la guerra:

La sangre empapó sus cabellos semejantes a los de las Gracias.

Cuando lloran a Héctor:

...guardián de las castas esposas y de los niños pequeños.

Estas palabras bastan para mostrar la castidad profanada por la fuerza y los hijos entregados a las armas. La fuente a las puertas de Troya se convierte en objeto de conmovedor pesar cuando Héctor pasa corriendo junto a ella para salvar su vida condenada:

Allí se encontraban unos amplios lavaderos
hermosos, de piedra, donde los vestidos resplandecientes
eran lavados por las mujeres de Troya y por las muchachas
[tan bellas
antes, durante la paz, antes de que llegaran los aqueos.
Y por allí pasaron corriendo, uno huyendo y otro que lo
[perseguía.

Toda la *Ilíada* está ensombrecida por la mayor de las desgracias que pueden vivir los hombres: la destrucción de una ciudad. Esta desgracia no sería más desgarradora si el poeta hubiera nacido en Troya. Sin embargo, el tono no es diferente cuando se trata de los aqueos, que perecen lejos de su patria.

Las breves evocaciones del mundo de la paz son dolorosas, tan tranquila y plena parece esta otra vida, esta vida de los vivos:

Mientras duró la aurora y fue amaneciendo,
de ambos lados partieron dardos y cayeron hombres.
Y a la hora misma en que el leñador se dispone a preparar de
[comer
en los valles de las montañas, cuando sus brazos están saciados
de cortar grandes árboles y el cansancio le llega al corazón
y el deseo de dulce alimento se aferra a sus vísceras,
en esta hora, por su valor, los dánaos rompieron el frente.

Todo lo que está ausente de la guerra, todo lo que la guerra destruye o amenaza está envuelto en poesía en la *Ilíada*, los hechos de guerra nunca lo están. El paso de la vida a la muerte no está velado por renuencia alguna:

Entonces sus dientes saltaron y por ambos lados
se le llenaron los ojos de sangre, la sangre que por los labios y
[la nariz
brotaba, con la boca abierta, y la negra nube de la muerte lo
[cubrió.

Nada la oculta la fría brutalidad de los hechos de guerra, pues ni vencedores ni vencidos son objeto de admiración, desprecio u odio. El destino y los dioses deciden casi siempre la suerte cambiante de los combates. En los límites asignados por el destino, los dioses disponen soberanamente de la victoria y de la derrota; siempre son ellos los que provocan locuras o traiciones, gracias a los cuales la paz se aleja una y otra vez; la guerra es cosa suya y no tienen más móvil que el capricho o la malicia. En cuanto a los guerreros, las comparaciones que los hacen aparecer, como vencedores o vencidos, como alimañas o como cosas, no pueden despertar ni admiración ni odio, solo es posible deplorar que los hombres se puedan transformar así.

La extraordinaria equidad que inspira la *Ilíada* podría tener otros ejemplos que no conocemos, pero no ha tenido imitadores. Apenas nos damos cuenta de que el poeta es griego, y no troyano. El tono del poema parece testimoniar directamente el origen de las partes más antiguas, pero quizá nunca logremos obtener mayor claridad histórica. Si creemos, con Tucídides, ochenta años después de la destrucción de Troya, que los aqueos fueron conquistados a su vez, podríamos preguntarnos si estos cantos, en los que pocas veces se mienta la espada, no serán los cantos de estos vencidos, algunos de los cuales quizá se exiliaron. Obligados a vivir y a morir «muy lejos de la patria», como los griegos que cayeron a las puertas de Troya, como los troyanos perdieron sus ciudades, se reconocían tanto en los vencedores, que eran sus padres, como en los vencidos, cuya miseria se parecía a la suya. La verdad de esta guerra no muy lejana podía aparecer tras el velo de los años, pero no el velo de la embriaguez del orgullo o la humillación. Podían representársela como vencedores y como vencidos y conocer así lo que no conocieron ni vencedores ni vencidos, pues tanto unos como otros iban ciegos. Solo es un sueño, solo es posible soñar sobre tiempos tan remotos.

En cualquier caso, este poema es algo milagroso. La amargura nace de la única causa justa de amargura: la subordinación del alma humana a la fuerza, es decir, a fin de cuentas, a la materia. Esta subordinación es la misma en todos los mortales, aunque el alma la viva diversamente según su grado de virtud. Nadie en la *Ilíada* puede sustraerse a ello, como nadie puede hacerlo en este mundo. Ninguno de los que sucumben puede ser considerado algo despreciable. Todo lo que, en el interior del alma y en las relaciones humanas, escapa al imperio de la fuerza es amado, pero amado dolorosamente, a causa del peligro de destrucción una y otra vez suspendido. Tal es el espíritu de la única epopeya verdadera con que cuenta Occidente. La *Odisea* parece ser solo una excelente imitación, de la *Ilíada* o de poemas orientales, la *Eneida* es una imitación que, por muy brillante que sea, lleva el peso de la frialdad, la declamación y el mal gusto. Los cantares de gesta no han sabido alcanzar la grandeza por falta de equidad: ni el autor ni el lector se ven afectados por la muerte de un enemigo como por la muerte de Roldán.

La tragedia ática, al menos la de Esquilo y Sófocles, es la auténtica prolongación de la epopeya. La idea de la justicia la ilumina sin intervenir jamás; la fuerza aparece con toda su fría dureza, siempre acompañada de los efectos funestos a los que no puede escapar ni quien la ejerce ni quien la sufre; la humillación del alma bajo el yugo no se disfraza, ni se envuelve en una piedad fácil, ni es objeto de desprecio: más de un ser herido por la degradación de la desgracia se convierte en objeto de admiración. El Evangelio es la última y maravillosa expresión de la genialidad griega, de la misma forma que la *Ilíada* es la primera; el espíritu de Grecia es patente no solo en que se ordena buscar, con exclusión de cualquier otro bien, el reino y la justicia de nuestro Padre celestial, sino también porque la miseria humana se hace patente, y eso en un ser que es divino al tiempo que humano. Los relatos de la Pasión muestran que un espíritu divino, unido a la carne, se ve alterado por la desgracia, tiembla ante el sufrimiento y la muerte, se siente, en el fondo de su desesperación, aislado de los hombres y de Dios. El sentimiento de la miseria humana les da este acento de sencillez que es la marca del genio griego, en el que reside el valor de la tragedia ática y de la *Ilíada*. Algunas palabras tienen una música curiosamente cercana a la de la epopeya y el adolescente troyano enviado al Hades, contra su voluntad, trae a la memoria el momento en que Cristo dijo a Pedro: «Y otro te ceñirá y te llevará adonde tú no quieras». Este acento no se puede separar del pensamiento que inspira el Evangelio, pues la miseria humana es una condición de la justicia y del amor. El que ignora hasta qué punto el alma humana depende de la fortuna variable y la necesidad no puede considerar semejantes o amar como a sí mismo a aquellos de los que el azar le ha separado con un abismo. La diversidad de condicionamientos que sufren los hombres hace nacer la ilusión de que entre ellos hay especies diferentes que no se pueden comunicar. Solo es posible amar y ser justo si conocemos el imperio de la fuerza y sabemos no respetarlo.

Las relaciones entre el alma humana y el destino, en qué medida cada alma modela su propia suerte, lo que una necesidad despiadada transforma en un alma, la que fuere, al albur de la suerte variable, lo que, por efecto de la virtud y de la gracia puede permanecer intacto es una materia en la que la mentira es fácil y seductora. El orgullo, la humillación, el odio, el desprecio, la indiferencia, el deseo de olvidar o de ignorar, todo contribuye a crear la tentación. En particular, nada es más extraño que una justa expresión de infelicidad, al representarla casi siempre fingimos creer que la caída es una vocación innata del desgraciado, mientras que un alma puede cargar con la desgracia sin ser marcada por ella, sin que todos sus pensamientos cambien de una forma que solo le pertenece a ella. Los griegos en general tuvieron la fuerza anímica que permite no mentirse a uno mismo; fueron recompensados y supieron alcanzar en todas las cosas el más alto grado de lucidez, de pureza y de sencillez. El espíritu que se transmite desde la *Ilíada* hasta el Evangelio, pasando por los pensadores y poetas trágicos, no ha superado los límites de la civilización griega y, desde que Grecia fue destruida, solo han quedado sus reflejos.

Los romanos y los hebreos se creyeron, unos y otros, más allá de la miseria humana común, los primeros como nación elegida por el destino para ser amos del mundo; los segundos por elección de su Dios y siempre en la medida exacta en que le obedecieran. Los romanos menospreciaban a los extranjeros, los enemigos, los vencidos, sus súbditos, sus esclavos, así que no tuvieron ni epopeyas ni tragedias. Sustituyeron las tragedias por justas de gladiadores. Los hebreos veían en la desgracia un signo de pecado, es decir, un motivo legítimo de desprecio; miraban a sus enemigos vencidos como objeto de horror de su Dios y condenados a expiar crímenes, por lo que tenían permitida la crueldad, que llegaba a ser indispensable. Ningún texto del Antiguo Testamento se puede comparar a la epopeya griega, salvo algunas partes del poema de Job. Los romanos y los hebreos fueron objeto de admiración, leídos e imitados en sus obras y sus palabras, citados cada vez que era necesario justificar un crimen, durante veinte siglos de cristianismo.

Además, el espíritu del Evangelio no se transmitió en su pureza a las generaciones sucesivas de cristianos. Desde los primeros tiempos se atisbaba un signo de la gracia en los mártires, en el hecho de cargar con los sufrimientos y la muerte con alegría, como si los efectos de la gracia pudieran llegar más lejos en los hombres que en Cristo. Los que creen que Dios mismo, hecho hombre, no pudo enfrentarse a los rigores del destino sin temblar de angustia hubieran debido comprender que solo pueden elevarse en apariencia por encima de la miseria humana los hombres que ocultan a sus ojos los rigores del destino, por obra de la ilusión, la embriaguez y el fanatismo. El hombre que no está protegido por la armadura de una mentira no puede enfrentarse a la fuerza sin que le penetre hasta el alma. La gracia puede impedir que este impulso lo corrompa, pero no puede impedir la herida. La tradición cristiana la olvidó hace tiempo y no ha sido capaz de recuperar, salvo en raras ocasiones, la sencillez que hace que nos conmueva cada frase de los relatos de la Pasión. Por otra parte, el hábito de las conversiones forzosas ha velado los efectos de la fuerza sobre el alma de los que la manejan.

A pesar de la breve embriaguez causada durante el Renacimiento por el descubrimiento de la literatura griega, el genio de Grecia no ha resucitado en estos veinte siglos. Solo encontramos algún atisbo en Villon, Shakespeare, Cervantes, Molière, y una vez en Racine. La miseria humana queda al desnudo, a propósito del amor, en *La escuela de las mujeres*, en *Fedra*; qué extraño siglo en el que, al contrario de la edad épica, solo se permitía asomarse a la miseria del hombre en el amor, mientras que los efectos de la fuerza en la guerra y en la política siempre debían envolverse en gloria. Podríamos citar otros nombres, pero nada de lo que han producido los pueblos de Europa vale lo que el primer poema conocido que nos dio uno de ellos. Quizá recuperarán el genio épico cuando sepan que nada está al abrigo de la suerte, cuando sepan no admirar jamás la fuerza, no odiar a los enemigos y no menospreciar a los desgraciados. Es improbable que ese día llegue pronto.

Impreso en España